EL ESPAÑOL EN EL HOTEL

Primera edición en 1997
Quinta edición 2003
Produce: SGEL-Educación
Avda. Valdelaparra, 29
28108 Alcobendas (Madrid)

COORDINACIÓN EDITORIAL: Julia Roncero
CUBIERTA: Carla Esteban
MAQUETACIÓN: Carla Esteban
DIBUJOS: Gabriel Flores
FOTOS: Archivo SGEL

ISBN: 84-7143-623-X
Depósito Legal: M-44.320-2003
Printed in Spain-Impreso en España

COMPOSICIÓN: Carla Esteban
FOTOMECÁNICA: Negami, S.L.
IMPRESIÓN: Litofinter, S.A.
ENCUADERNACIÓN: Felipe Méndez, S.L.

EL ESPAÑOL EN EL HOTEL

¿POR QUÉ SURGE Y A QUIÉN VA DIRIGIDO?

"El español en el hotel" nace de la necesidad de contar con un material real a la hora de prepararse para realizar prácticas en empresas cuya lengua de trabajo es el español: agencias de viajes, hoteles, servicios de guías, relaciones públicas, etc.

Va dirigido tanto a estudiantes, como a futuros profesionales de turismo con un conocimiento previo de la lengua de nivel medio, sin olvidar a los autodidactas, los cuales encontrarán una gran cantidad de recursos útiles entre las páginas de este libro.

SUS OBJETIVOS Y METODOLOGÍA.

Pretendemos preparar de la mejor manera posible a los futuros profesionales para que sean capaces de reaccionar y de hacer frente a las situaciones habituales con las que un día se encontrarán en el mundo del turismo. La metodología elegida es, por tanto, situacional-contextual e interactiva.

No se trata de un método, sino de un manual con fines específicos, por lo que no existe progresión gramatical, entendida de una manera tradicional, sino un orden lógico basado en la evolución de las mencionadas situaciones. Así, por ejemplo, encontramos el condicional de cortesía, el imperativo o algunos casos de subjuntivo en las primeras unidades, siempre teniendo en cuenta la adecuación al contexto y a los interlocutores.

Otra de las claves de nuestro enfoque metodológico es la comprensión auditiva, ya que el profesional del turismo debe poder expresarse, pero también comprender a sus clientes.

La lengua empreada responde a un cuidado análisis de necesidades específicas: relaciones con clientes, con proveedores, con colegas de trabajo, etc.

También hemos querido incluir muestras de documentos auténticos relacionados con los distintos ámbitos del turismo. En cuanto a la gramática, aunque no aparece explicitada en las unidades, sí que la hemos recogido en los Apéndices. Aquellos que necesiten el refuerzo de la estructura, aunque no aparece explicitada en las unidades, sí que la hemos recogido en los Apéndices. Aquellos que necesiten el refuerzo de la estructura para resolver las actividades propuestas, pueden consultar el apartado gramatical correspondiente: ser y estar; conjugación verbal y usos de los tiempos de indicativo y subjuntivo; nexos y conectores; las preposiciones; etc o bien el repertorio de funciones comunicativas: presentar y contestar reclamaciones; expresar acuerdo o desacuerdo; manifestar cortesía, etc. Tanto en un caso como en otro, los ejemplos y los temas seleccionados hacen referencia a los contenidos del libro.

¿QUÉ CONTIENE?

EL ESPAÑOL EN EL HOTEL
consta de dos partes:

1ª PARTE ENFOCADA HACIA:

La comunicación oral.

La expresión escrita para: rellenar fichas,
contestar cuestionarios,
elaborar mensajes, notas, etc.

La comprensión lectora.

■

2ª PARTE, DEDICADA A LA EXPRESIÓN ESCRITA:

Correspondencia comercial.

Redacción de contratos de colaboración.

Textos turísticos de interés:
elaboración de programas, circuitos
culturales, etc.

Elaboración de ofertas
(agencias de viajes)

■

APÉNDICES

Resumen gramatical.

Repertorio de funciones comunicativas.

*Ambos se encuentran ampliamente
ejemplificados.*

Transcripción de las audiciones.

Léxico.

ESTRUCTURA DE CADA UNIDAD DE LA 1ª PARTE

Cada unidad se compone de:

VARIAS SITUACIONES-PRETEXTO PARA DESARROLLAR:
prácticas de comprensión auditiva.

prácticas de expresión oral.

prácticas de escritura.

UN "OBSERVA" QUE LLAMA LA ATENCIÓN
SOBRE ALGUNAS DIFERENCIAS
ENTRE ESPAÑA Y OTROS PAÍSES.

UN "RECUERDA" DE EXPRESIONES Y LÉXICO.

UNA LECTURA DE INTERÉS TURÍSTICO.

ESTRUCTURA DE CADA UNIDAD DE LA 2ª PARTE

Una serie de textos-modelo para desarrollar:
LA COMPRENSIÓN LECTORA.

ACTIVIDADES DE EXPRESIÓN ESCRITA.

ACTIVIDADES INTERACTIVAS.

PROPUESTAS DE PROBLEMAS QUE LOS ESTUDIANTES
DEBEN TRATAR DE RESOLVER.

"El español en el hotel" es un libro abierto que
permite a profesores y alumnos usarlo con total
libertad en función de sus necesidades.

Damos las gracias a todos aquellos que nos han
animado y ayudado a que este manual vea la luz.

LAS AUTORAS.

SUMARIO

P A R T E

1

PARTE
PARTE
PARTE
PARTE
PARTE
PARTE
PARTE
PARTE
PARTE
PARTE

1

EN LA RECEPCIÓN

1 a)

Escucha y, a continuación, completa el diálogo siguiente.

- Hola, buenos días.
- ¡Hola!, ¿tiene habitaciones libres?
- Sí, señor, ¿qué desea?
- Somos tres, dos adultos y un niño.
- Una doble con cama extra, entonces. ¿Cuánto tiempo piensan quedarse?
- En principio, dos noches.
- ¿Desean tomar las comidas en el hotel?
- Sí pero sólo el desayuno y la cena.
- Bien, en media pensión, entonces. ¿Quiere rellenar su ficha, por favor? Aquí está su llave. Habitación 309. Ahora mismo les subimos el equipaje.
- De acuerdo, gracias.
- A su servicio, señor.

Diálogo.

- .... ¿Qué ....?
- Quería una habitación individual.

- ¿Cuánto ....?
- Sólo dos noches, creo.

- ¿Desea ....?
- Sólo el desayuno.

- Muy bien, aquí ....;
- Gracias.

9

I b)

Rellena esta ficha de hotel.

Observa que los símbolos de los tipos de habitación y regímenes son internacionales.

TWB = habitación doble (dos camas)
SWB = habitación individual
BB = con desayuno
HB = media pensión
FB = pensión completa

Hotel Torrequemada
★★★★★

Habitación N°: .... LLEGADA: .... SALIDA: ....

Apellidos: ....

Nombre: ....

Nacionalidad: ....

Dirección: ....

Ciudad: .... Código postal ....

País: .... Teléfono: ....

D.N.I. / Pasaporte: ....

Tipo de habitación:
☐ TWB   ☐ BB
☐ SWB   ☐ HB
☐ Cama extra   ☐ FB

Suplemento vista al mar: ☐

II a)

Escucha y di si es verdadero o falso.

V / **F**

- ☐ La señora Vila no ha reservado. ☐
- ☐ El hotel no tiene su reserva. ☐
- ☐ La señora Vila no tiene divisas. ☐
- ☐ La señora Vila se queda una semana. ☐
- ☐ La señora Vila necesita una caja fuerte. ☐

Imagínate en el papel de recepcionista e intenta dar una respuesta a cada uno de tus clientes. La lista de divisas que te damos a continuación te ayudará.

MERCADO DE DIVISAS		
MONEDA	COMPRADOR	VENDEDOR
1 dólar	128,76	128,79
1 ecu	160,7569	160,8587
1 florín holandés	74,9913	75,035
1 libra esterlina	201,38	201,43
1 corona danesa	21,956	21,9703
1 franco francés	24,8682	24,8788
100 yenes japoneses	115,4281	115,5067
100 liras italianas	8,4781	8,4829

¿Cuántas pesetas son?

250 dólares ....

1.000 yenes ....

525 libras ....

800 coronas ....

1.000.000 de liras ....

750 florines ....

2.045 francos ....

II c)

¿Cuántos de estos billetes y cuántas de estas monedas debes darle a cada uno de tus clientes, para cambiar las divisas que te dan?

Ejemplo: 2.000 francos belgas = 7.895 pts. = 1 billete de 5.000 pts.

1 billete de 2.000 (o 2 de 1.000)/1 moneda de 500 pts./3 monedas de 100 pts./1 moneda de 50 pts./
1 moneda de 25 pts./4 monedas de 5 pts.

1. 505 DÓLARES

....

2. 350 YENES

....

3. 325 MARCOS ALEMANES

....

4. 565.890 LIRAS

....

5. 89.500 ESCUDOS

....

6. 450 CORONAS SUECAS

....

II d)

Eres recepcionista: habla con tu compañero/a:

■ ....

► Hola, he reservado una doble.

■ ¿ ....?

► Carmen Moreno.

■ ¿ .... o ....?

► Prefiero con vista al mar.

■ ....: Ahora mismo ....

► Gracias, no es necesario. Sólo llevo un bolso de mano.

■ ....

► Gracias.

III a)

Escucha y di si es verdadero o falso:

	El hotel no tiene habitación libre.	
V	**La habitación está en la planta baja.**	**F**
	La habitación no tiene terraza.	
	El aparcamiento está delante del hotel.	
	La habitación es cara, el cliente no la quiere.	

- Hola buenos días, ¿habla español?
- ▸ Sí, señor, ¿en qué puedo ayudarle?
- Querría una habitación muy tranquila, por tres noches.
- ▸ Un momento, por favor. ¿Cuántas personas?
- Dos personas. ¿Puede ser con vista a la montaña?
- ▸ ... Una doble... lo siento, sólo me queda una habitación que da a los jardines, pero es muy tranquila y agradable. ¿Desean verla, señores?
- Sí, por favor.
- ▸ Acompáñenme, es la 136, en el primer piso. ... Pasen, por favor. Aquí tienen el cuarto de baño. Como ven, tiene televisión y frigo-bar. ¡Miren la terraza!

- Es muy agradable. ¿Cuánto vale?
- ▸ En pesetas, son unas 16.000 pts., más o menos, con el desayuno.
- ¡Estupendo! Nos la quedamos. Ahora bajo por las maletas.
- ▸ No se moleste, señor, ahora le subimos el equipaje. Si lo desea, puede dejar su coche en el aparcamiento subterráneo, es más seguro. Cuando estén instalados, ¿pueden dejarme sus pasaportes, por favor?
- Por supuesto. Ahora bajaremos a tomar algo y pasaremos por recepción. Gracias.

Observa:

**En el turismo se manejan nombres y palabras de todos los idiomas.
Para deletrear se usan las siguientes palabras:**

A	América	**K**	Kilo	**S**	Salamanca
B	Barcelona	**I**	Italia	**T**	Toledo
C	Cataluña	**L**	Lérida	**U**	Úbeda
CH	Chocolate	**M**	Madrid	**V**	Valencia
D	Dinamarca	**N**	Navarra	**W**	Uve doble
E	España	**Ñ**	Eñe	**X**	Equis
F	Francia	**O**	Oviedo	**Y**	Yankee
G	Gerona	**P**	Palencia	**Z**	Zaragoza
H	Huelva	**Q**	Queso		
J	Jaén	**R**	Roma		

13

IV

Escucha los siguientes diálogos y rellena la ficha de hotel con los datos que te damos a continuación:

A)
IV a)

- ■ Buenos días.
- ▶ Buenos días, me llamo Luis Heredia.
- ■ H-E-R-E-D-I-A: ¿Huelva - España - Roma - España - Dinamarca - Italia - América?
- ▶ Así es.
- ■ ¿Su dirección, por favor?
- ▶ Plaza de la Merced, 8 - 2º, en Málaga.
- ■ Habitación 401, aquí tiene su llave.

IV b)

- ■ Buenos días.
- ▶ Buenos días, señor ¿Su nombre, por favor?
- ■ Iñaki Arrasotegui Ugarte.
- ▶ ¿¿¿??? ¿Perdón? ¿Puede deletrearlo, por favor?
- ■ Sí, es un poco complicado, ¿verdad?
  Soy vasco.
  A ver: Italia/eñe/América/kilo/Italia.
  Ahora los apellidos: América/Roma/Roma/ América/Salamanca/Oviedo/Toledo/España/ Gerona/Úbeda/Italia. Y el segundo apellido, . es más sencillo: Úbeda/Gerona/América/ Roma/Toledo/España.
- ▶ ¿Está bien así?
- ■ Exactamente.
- ▶ Su llave, señor Arrasotegui. Habitación 683.

LLEGADA	NOMBRE/APELLIDOS	HABITACIÓN Nº	CIUDAD/PAÍS	DIRECCIÓN	SALIDA PREVISTA

IV c)

Con tu compañero/a elabora un diálogo como el anterior, en el que tú eres el jefe/la jefa de recepción.

- ■ Tú: ....
- ▶ Tu compañero/a: ....
- ■ Tú: ....
- ▶ Tu compañero/a: ....

¿Qué decir cuando... **???????**

1 ...llegan los clientes al hotel?

- Buenos días.
- Buenas tardes.
- Buenas noches.
- ¿Qué desea?
- ¿En qué puedo ayudarle/-les?
- Buenos días señor/-a, ¿cómo está?

2 ...es un cliente habitual?

- Hola, buenos días Sr. X / Sra. Y / Sres. Z.
- Hola, buenas tardes Sr. X / Sra. Y / Sres. Z.
- Hola, buenas noches Sr. X / Sra. Y / Sres. Z.
- ¿Qué tal el viaje?
- ¿Cómo están?
- ¿Han tenido buen viaje?
- Me alegro de volver a verle/verla/verles.
- Nos alegramos de volver a verle/verla/verles.
- ¡Qué alegría verle/verla/verles de nuevo por aquí!
- Le/les deseo una agradable estancia/unas felices vacaciones.
- Le/les deseamos unas felices vacaciones/una agradable estancia.

3 ...se preguntan los datos del cliente?

- ¿Cómo se llama usted, por favor?
- ¿Cómo se llaman ustedes, por favor?
- ¿Cuál es su nombre, por favor?
- ¿Cuál es su fecha de nacimiento, por favor?
- ¿Cuál es su dirección, por favor?
- ¿Cuál es su teléfono, por favor?
- ¿Cuál es su estado civil, por favor?
- ¿Cuál es su profesión, por favor?
- ¿Me deja su D.N.I. o su pasaporte, si es tan amable?

4 ...preguntamos por el equipaje?

- ¿Trae/n Ud./Uds. equipaje?
- ¿Desea/n que le/s subamos las maletas a la habitación?

5 ...no entendemos lo que nos dice el cliente?

- ¿Perdón?
- ¿Cómo dice/ha dicho?
- Lo siento, no he entendido bien...
- Por favor, ¿puede repetir?
- ¿Podría deletrear su nombre, por favor?
- ¿Cómo se escribe?
- ¿Perdón, se escribe con ... o con ...?
- ¿Podría escribirlo usted, por favor?

6 ...cambiamos dinero?

- ¿Qué divisa trae usted?
- ¿Qué divisa quiere comprar?
- El .... está hoy a ....
- El cambio de hoy es de .... por
....

Lectura

España posee una red de alojamientos excepcional, tanto por el gran número de éstos como por su variedad y calidad.

Se consideran cinco categorías de hoteles: cada una se reconoce por el número de estrellas que sigue al nombre del establecimiento y que va de 1* a 5 *****. Entre estos últimos, se encuentran los de categoría G.L. (Gran Lujo). Éste es el máximo nivel de comodidad y servicios.

Al margen de los hoteles propiamente dichos, están los hoteles-residencias, cuya clasificación también va del 1 al 5, pero que se diferencian de los anteriores porque no ofrecen servicio de restaurante. Sólo se puede tomar allí el desayuno, si bien todos tienen cafetería.

Entre los alojamientos más modestos se encuentran los hostales (de 1 a 3*).

En cuanto a las pensiones, están en general dirigidas por el propietario de la casa y ofrecen un ambiente familiar y desenfadado. Las comidas suelen ser caseras y los precios más baratos.

Es una buena fórmula para los jóvenes o para quienes desean alejarse de las zonas muy turísticas y buscan un contacto más directo con los españoles.

EN LA CAFETERÍA

I a)
Escucha y, a continuación, completa el siguiente diálogo.

- ■ Buenos días, ¿qué desean los señores?
- ► Una cerveza, por favor.
- ■ ¿Tubo o botellín?
- ► Botellín, si puede ser.
- ■ Por supuesto, señor. ¿Y para usted, caballero?
- ▷ Un café con leche y un bocadillo de jamón.
- ■ ¿Jamón serrano y tomate?
- ▷ Sí, por favor.

Diálogo.

- ■ Buenas .... ¿..........................
  las ....?
- ► Un ....
- ■ ¿Solo o con leche?
- ► ....?
- ■ ¿Y para la ....
- ► Un .... tinto y un ....
  de queso.
- ■ ¡Buena idea! Yo también quiero un ....,
  pero de tortilla.
- ► ¿.......................... o ....?
- ■ Española, por supuesto.
- ► Ahora mismo.

17

I b)

Después de leer esta carta, ¿puedes decir cuáles son las diferencias con tu país?

Carta

Bebidas calientes

Café	150 pts.
Té	150 pts.
Chocolate	185 pts.
Infusiones	150 Pts.

Sopas y Caldos

Sopa de cocido	250 pts.
Caldo con jerez	200 pts.
Sopa de fideos	200 pts.
Sopa de picadillo	200 pts.

Alcoholes

Whisky DYC	250 pts.
Ginebra Larios	250 Pts.
Anís	200 pts.
Coñac español	250 pts.

Alcoholes Internacionales

Combinados	
Gin tonic	350 pts.
Cuba libre	350 pts.
Vodka naranja	350 pts.
Lumumba	350 pts.
Whisky escocés 12 años	600 pts.

Refrescos

Coca-cola	200 pts.
KAS naranja/limón/	200 pts.
Zumo de naranja natural	250 pts.
Mosto	200 pts.
Agua mineral	150 pts.

Aperitivos

Martini rojo/blanco	250 pts.
Cerveza caña	150 pts.
Tubo	200 pts.
Vino blanco/tinto	150 pts.

Raciones

Tortilla española	150 pts.
Jamón serrano	850 pts.
Queso manchego	725 pts.
Gambas a la plancha	1.200 pts.
Gambas al pil-pil	1.200 pts.
Calamares	725 pts.

Bocadillos

Jamón	500 pts.
Queso	300 pts.
Chorizo	300 pts.

I.V.A. 7% incluido

Observa: Las propinas.

En España se suele dejar una propina en restaurantes, cafeterías, bares y también a algunos profesionales como taxistas, maleteros, conductores de autocares y guías de turismo, si el cliente se encuentra satisfecho con el servicio. La cantidad que se deja en restaurantes/ cafeterías oscila entre el 5% y el 10%, para los demás servicios, no hay cantidad establecida.

I c)

Completa el diálogo con los precios anteriores.

- La cuenta, por favor.
- ► Enseguida, señora.
  A ver: un café: .... pts.
              una cerveza: .... pts.
              un zumo de naranja: .... pts.
              un bocadillo de queso: .... pts.
  Son: .... pts.
- Aquí tiene. Quédese con la vuelta.
- ► Gracias, señora.

I d)

Con los elementos de las columnas, rellena la hoja de pedido:

1 café solo	140 pts.
2 tintos	300 pts.
1 tubo de cerveza	125 pts.
1 mosto	110 pts.
1 tapa de tortilla	250 pts.
2 raciones de calamares	700 pts.

II

En el restaurante.

II a)

Escucha el diálogo y toma nota del pedido.

- Buenas tardes.
- ► Buenas tardes, señores. ¿Cuántas personas?
- Somos tres.
- ► ¿Han reservado?
- No, acabamos de llegar.
- ► Lo siento, señores, van a tener que esperar unos 15 minutos.
- De acuerdo, esperaremos en la barra.
- ► ¿Desean tomar algo?
- Sí, tomaremos tres finos; Ah… y la carta.
- ► Ahora mismo se la traigo, señor.

II b)

■ ¿Quieren pasar, por favor? Aquí tienen su mesa. ¿Han elegido ya?

▶ Sí: de primero: ....
....

▷ Yo quiero ....
....

● Yo quiero ....
....

II c)

▶ Y de segundo.....................................
....

▷ Para mí ....
....

● Y a mí me trae ....
....

■ No nos queda conejo, señor.
Le sugiero que pruebe el cabrito.
Está muy bueno.

▶ ....
....

■ ¿Y para beber?

▶ ....
....

II d)

■ ¿Desean algo más? ¿Postre o café?

▶ Para mí ....
....

▷ Yo ....
....

● Para mí, ...
....

y la cuenta, por favor.

Platos Principales

Pescados y Mariscos

Surtido de 4 Pescados a la Plancha....................	**1950**
Parrillada Mixta de Pescados y Mariscos...........	**2450**
Parrillada de Mariscos...................................	**2950**
Pescado a la Sal 500 - 600 gr............................	**2750**
Pez Espada a la Plancha, P. Fritas.....................	1575
Filete de Bacalao, Jugo de Tomate y Albahaca, Arroz...	1575
Lenguado Meuniere, P. Fritas...........................	1950
Merluza Frita, Salsa Tartara, P. Fritas................	1575
Salmón a la Plancha, P. Asada..........................	1575
Tallarines con Langostinos...............................	1575
Scampi Fritti, Salsa Tartara..............................	1575
Arroz Caldoso..	1575
Olla de Mejillones a la Marinera.......................	1575
Carabineros , Gambas Jumbo, Langostinos Tigre, a la plancha....................	950 Pts /100gr
Pescado a la Sal al peso...............................	480 Pts / 100gr

Carnes y Aves

Entrecot a la Parrilla, P. Fritas.........................	1950
Solomillo de Cerdo Salsa Rioja, P. Fritas............	1575
Pollo al Curry, Arroz......................................	1575
Steak Tartara (Carne Cruda).P. Fritas................	1575
Cordon Bleu, P. Fritas....................................	1575
Albóndigas en salsa, P. Fritas..........................	975
Macarrones con Albóndigas..............................	975

Judias Verdes................450

Menu Niño: Tallarines Boloñesa o Albóndigas y Helado.................950

Azul. 9/09/96 - I.V.A. 7% no incluido - Cubierto Gratuito

■ III

Observa el menú:

Tus clientes son cuatro:

A) Un vegetariano que no come ni carne ni pescado, pero sí huevos.

B) Un amante de la carne roja y los platos finos.

C) Una gastrónoma que aprecia sobre todo el pescado y el buen vino.

D) Un cliente que quiere probar todas las especialidades españolas.

Sopas

Sopa de Pescados 850
Sopa de Verduras 650

Entradas Frías

Ensalada Verde o de Tomates o Lechuga Tomates 625
Ensalada Variada con Cogollos 875
Ensalada Cesar 1100
Ensalada Niçoise 1100
Ensalada de Pollo y Frutas, Salsa Coctel 1100
Ensalada de Langostinos y Aguacates 1450
Ensalada a la Griega con Queso Feta 1100
Ensalada de Tomates, Queso Feta y Aceite Virgen 1100
Ensalada de Arenques y Alubias 1100
Coctel de Gambas 1200
Esparragos dos Salsas 1100

Entradas Calientes y Pastas

Plato de Mejillones a la Crema 950
Plato de Mejillones a la Marinera 875
Croquetas de Mariscos (5 piezas) 975
Champiñones al Ajillo 850
Espinacas a la Crema 975
Scampi Fritti, Salsa Tartara 1575
Calamares Fritos 1100
Tallarines Napolitana 850
Tallarines Boloñesa 950

Pan y Mantequilla 200
Pan con Ajo 275

Azul. 6/09/96 - I.V.A. 7% no incluido - Cubierto Gratuito

Postres

Mousse de Chocolate Casera 650
Flan de la Casa 550
Tarta de Santiago con Almendras 690
Tarta de Chocolate 690
Crepe al Grand Marnier y Helado 850

Helados

Capriccio de Tres Sabores 750
Sorbete de Frambuesas 650
Helado de Vainilla o Fresa o Moka (2 Bolas) 550
Pastel "Café Truffé" 750
Tartufo Negro 750
Crocantino 750

Digestivos

Carlos III - Magno - Terry Centenario - 103 - Licor 43 - Pacharán - Manzana -
Melocotón - Tia Maria - Chinchón - Licor de Almendras - Fernet Branca - Grappa -
Aguardiente - Menta Bols - Gin Gordon's - Gin Larios - Gin Beefeater Ron Bacardi -
Ron Negrita - Whisky Bells - Vodka Smirnoff Roja

***   **400 pts.**

Benedictine - Bailey's - Amaretto - Cointreau - Drambuie - Grand Marnier -
Sambuca - Mandarine Napoleón - Calvados - Tequila - Torres Solera 5 - Vodka
Rusa - Whisky J.B. - Johnnie Walker Rojo - Ballantines - Bourbon 4 Roses

***   **600 pts.**

Carlos I - Cardenal Mendoza - Gran Capitan - Larios 1866 - Martell - Remy Martin -
Courvoisier - Gran Duque de Alba - Torres Gran Reserva 10 - Lepanto - Chivas
Regal - Glenfiddich - Poire Williams - Johnnie Walker E. Negra - Terry Primero

800 pts.

Cerveza 250   Aguas 200
Coca / Fanta / Sprite 250   Café, Té, Infusiones 250
Zumos 300   Copa de Vino 300

Azul. 6/09/96 - I.V.A. 7% no incluido - Cubierto Gratuito

III a)

Elabora un buen menú para cada uno de ellos.

A    **B**    **C**    **D**

III b)

Con tus compañeros/as imagina la conversación y recomienda a cada uno los platos que más se corresponden con sus preferencias.

III c)

Relaciona las frases de la columna A con las de la columna B, buscando cuál es la mejor respuesta en cada situación.

A
■ Perdón, he pedido sopa de mariscos, no ensalada.
■ Creo que falta una copa.
■ Me parece que el vino se ha estropeado.
■ ¿No se ha olvidado de nosotros?

B
► Lo siento, señor, le traemos otra botella enseguida.
► Ahora mismo se la traigo, señora.
► Enseguida les atendemos, disculpen.
► Perdone, señora, ha sido un error. Le traeremos lo que ha pedido en un momento.

III d)

Observa la lista siguiente y apunta las características de cada bebida o comida, en caso de reclamación. Puedes ayudarte con estas palabras: BASTANTE/MUY/DEMASIADO/POCO.

	FRÍO/A	CALIENTE	SALADO/A	HECHO/A	CRUDO/A	SECO/A	DURO/A	DEMASIADO/A
Vino								
Leche								
Cerveza								
Carne								
Pescado								
Sopa								
Huevos								
Aceite								
Patatas								
Arroz			✗	✗				✗

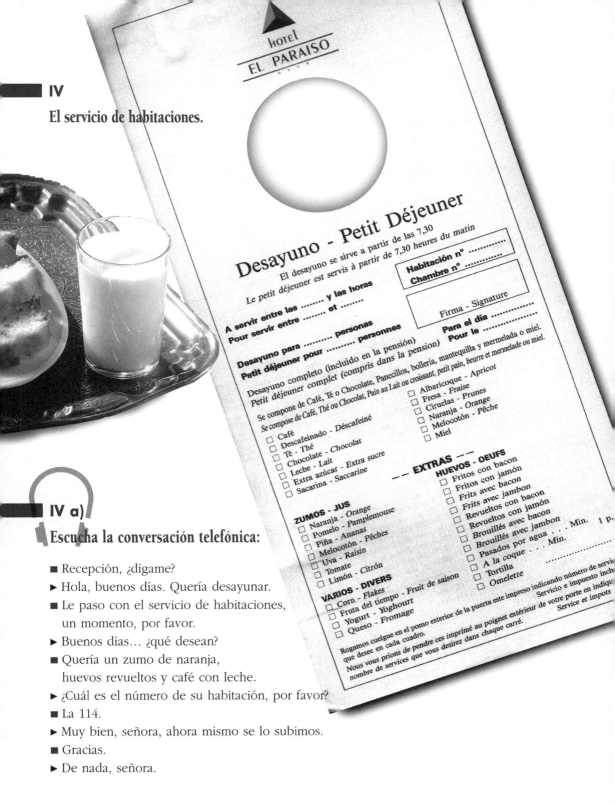

IV

El servicio de habitaciones.

HOTEL EL PARAISO

Desayuno - Petit Déjeuner

El desayuno se sirve a partir de las 7,30
Le petit déjeuner est servis à partir de 7,30 heures du matin

Habitación n° ....
Chambre n° ....

A servir entre las .... y las horas
Pour servir entre .... et ....

Firma - Signature

Desayuno para .... personas
Petit déjeuner pour .... personnes

Para el día ....
Pour le ....

Desayuno completo (incluido en la pensión)
Petit déjeuner complet (compris dans la pension)
Se compone de Café, Té o Chocolate, Pancillos, bollería, mantequilla y mermelada o miel.
Se compose de Café, Thé ou Chocolat, Pain au Lait ou croissant, petit pain, beurre et mermelade ou miel.

- ☐ Albaricoque - Apricot
- ☐ Fresa - Fraise
- ☐ Ciruelas - Prunes
- ☐ Naranja - Orange
- ☐ Melocotón - Pêche
- ☐ Miel

- ☐ Café
- ☐ Descafeinado - Déscafeiné
- ☐ Té - Thé
- ☐ Chocolate - Chocolat
- ☐ Leche - Lait
- ☐ Extra azúcar - Extra sucre
- ☐ Sacarina - Saccarine

ZUMOS - JUS
- ☐ Naranja - Orange
- ☐ Pomelo - Pamplemouse
- ☐ Piña - Ananas
- ☐ Melocotón - Pêches
- ☐ Uva - Raisin
- ☐ Tomate
- ☐ Limón - Citrón

VARIOS - DIVERS
- ☐ Corn - Flakes
- ☐ Fruta del tiempo - Fruit de saison
- ☐ Yogurt - Yoghourt
- ☐ Queso - Fromage

- - EXTRAS - -
HUEVOS - OEUFS
- ☐ Fritos con bacon
- ☐ Fritos con jamón
- ☐ Frits avec bacon
- ☐ Frits avec jambon
- ☐ Revueltos con bacon
- ☐ Revueltos con jamón
- ☐ Brouillés avec bacon
- ☐ Brouillés avec jambon
- ☐ Pasados por agua . . . Min.
- ☐ A la coque . . . Min.   1 p-
- ☐ Tortilla
- ☐ Omelette

Servicio e impuesto inclu
Service et impots

Rogamos cuelgue en el pomo exterior de la puerta este impreso indicando número de servi
que desee en cada cuadro.
Nous vous prions de pendre ces imprimé au poignet extérieur de votre porte en indiqu
nombre de services que vous desirez dans chaque carré.

IV a)

Escucha la conversación telefónica:

- ■ Recepción, ¿dígame?
- ► Hola, buenos días. Quería desayunar.
- ■ Le paso con el servicio de habitaciones, un momento, por favor.
- ► Buenos días… ¿qué desean?
- ■ Quería un zumo de naranja, huevos revueltos y café con leche.
- ► ¿Cuál es el número de su habitación, por favor?
- ■ La 114.
- ► Muy bien, señora, ahora mismo se lo subimos.
- ■ Gracias.
- ► De nada, señora.

IV b)

Tú eres el camarero, habla con tu compañero/a basándote en lo que acabas de oír:

■ ....

► Buenos días. ¿Pueden subirnos el desayuno a la habitación, por favor?

■ ¿...?

► La 114.

■ ...., ¿..?

► Dos tés con leche, zumo de naranja, dos tostadas con mantequilla pero sin mermelada y algo de queso.

■ ¿...?

► A las 09:00, por favor.

■ ....

► Gracias.

IV c)

■ *(Pide permiso)* ¿...?

► Sí, entre.

■ *(Saluda, presenta el servicio y pregunta por la noche)*
  ¿...?

► Estupendamente, gracias.

■ *(Pregunta si necesitan algo más)* ¿...?

► No, está bien así.

V a)

Lee la descripción y crítica del restaurante que te damos a continuación.

El Refugio

6.5 Plaza de Galicia, Oleiros (La Coruña). Teléfono: (981) 61 08 03. Tarjetas: todas menos Diners. Cierra domingos noche. Entre 5.000 y 6.000 pesetas. Caldo gallego, 450 pesetas. Chipirones, 1.750 pesetas. Chuletón, 2.500 pesetas. Cañitas, 650 pesetas.

En el ámbito de la hostelería gallega, tradicionalmente tan inmovilista, sólo de vez en cuando sobresalen algunos establecimientos. Ésta es la situación de El Refugio, que en poco tiempo ha dado saltos de gigante. Lo que originalmente fue merendero y después marisquería de lujo ha terminado por convertirse en un restaurante de altos vuelos. Más allá del marisco, de calidad óptima, sorprende su bodega, tal vez la mejor de Galicia. Acertar en la elección de los platos no es difícil en absoluto. Tanto el caldo gallego como los fideos con almejas dan una medida de la buena mano de una cocina que trabaja con materia primas excelentes. Platos como los calamares salteados con arroz, el pulpo a la gallega o el chuletón de vacuno son irreprochables. Caso aparte es el lenguado relleno en hojaldre, que no convence nada, aunque sea aceptable. Pero la gran asignatura pendiente de esta casa es la repostería: el gratinado de frambuesas no se presenta bien, el chocolate es de mala calidad y las cañitas con helado son cursis y decepcionantes.

El País Semanal nº 1045, 06/10/96

V b)

Piensa en un restaurante de tu región que conozcas bien, y elabora tú una buena crítica:

NOMBRE DEL RESTAURANTE:..

....

DIRECCIÓN:...

....

TELÉFONO:...

TARJETAS ACEPTADAS:...

CIERRA:...

PRECIOS:...

....

PLATOS RECOMENDADOS:...

....

....

....

SUS PUNTOS FUERTES

✌ ....

✌ ....

✌ ....

✌ ....

SUS PUNTOS DÉBILES

✖ ....

✖ ....

✖ ....

✖ ....

TU PUNTUACIÓN
de 0 a 10

10

¿Qué decir cuando... ?????????

1 ...tomas nota del pedido?

- Dígame
- ¿Qué desean?
- ¿Qué desean los señores?
- ¿Qué desea/n usted/ustedes?
- Desean tomar/beber/comer algo?
- ¿Han pedido ya?
- ¿Les están atendiendo?

2 ...respondes ante el pedido?

- Muy bien, gracias.
- De acuerdo.
- Lo siento, no tenemos...
- Lo siento, no nos queda...
- Disculpe, pero se nos ha terminado...

- Hoy no hay...
- Gracias.
- Muchas gracias.

3 ...recomiendas bebida/comida?

- Le/s puedo sugerir que pruebe/n...
- Le/s recomiendo el /la...
- Le/s aconsejo que pruebe/n...
- ¿Por qué no prueba/n?
- Es/está muy fresco/bueno/rico.
- Es nuestra especialidad.

Lectura

La cocina española es muy variada. La gran calidad de sus materias primas es legendaria y ocupa uno de los primeros lugares en la gastronomía europea, tanto por su calidad como por su variedad.

El Norte es una de las más ricas regiones gastronómicas. El marisco de Galicia es uno de los mejores del mundo; la cocina vasca es muy famosa por su pescado, y los guisos y la fabada de Asturias son deliciosos. El Centro es tierra de asados: el cordero lechal, el cochinillo, el cabrito y la carne de venado se preparan en horno de leña. La provincia de Salamanca es conocida por sus jamones ibéricos y deliciosos chorizos y salchichones. La región de Valencia destaca por su internacionalmente conocida paella, a base de arroz y carne o marisco o pollo. En cuanto a Andalucía, es el gazpacho el más conocido, sin olvidar la típica fritura malagueña, los maravillosos guisos de Córdoba y las especialidades de cada uno de sus pueblos. Las islas tienen su cocina particular: ¿Sabíais que la mayonesa, tan utilizada en el mundo entero es originaria de la ciudad de Mahón, en las Baleares? ¿Y quién no ha comido los deliciosos plátanos de Canarias además de las papayas, aguacates y otros frutos tropicales, así como su peculiar mojo picón? Lo mismo que la cocina, los vinos españoles, como los franceses y los italianos, están a la cabeza de los vinos mundiales. El más exportado es el vino de La Rioja, pero son también excelentes los vinos de la Ribera del Duero, en Castilla, y algunos del Penedés catalán.

Mundialmente conocido es el Jerez, vino fino popularizado por los ingleses con el nombre de Sherry. Cataluña se distingue también por su cava -vino espumoso de gran calidad, cuya relación calidad-precio es muy buena y lo hace competidor indiscutible de algunos champagnes franceses.

¡Que aproveche!

UNIDAD 3

EN LA
OFICINA DE TURISMO

■ I

Situar y dar información sobre lugares de interés.

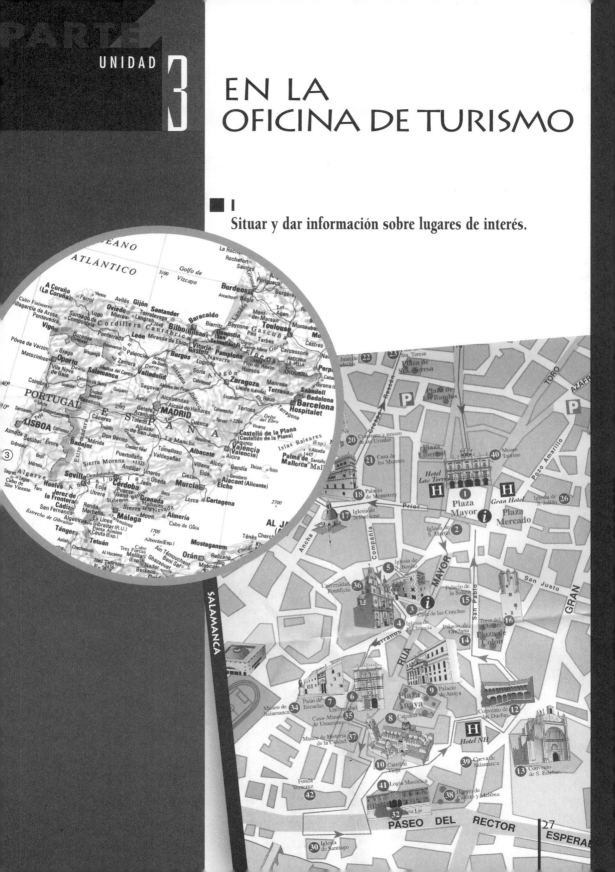

I a)

Después de escuchar la audición, ayúdate con el plano y di si es verdadero o falso:

V

☐	Salamanca está al sur de Madrid.
☐	Salamanca está al borde del mar.
☐	Portugal está al oeste de Salamanca.
☐	La Universidad está al norte de la ciudad.
☐	La catedral está a la derecha de la Universidad en el plano.
☐	El mercado está detrás de la Plaza Mayor.
☐	Para ir a la Casa de las Conchas, hay que cruzar el río.

F

I b)

Escucha e indica el trayecto en el plano.

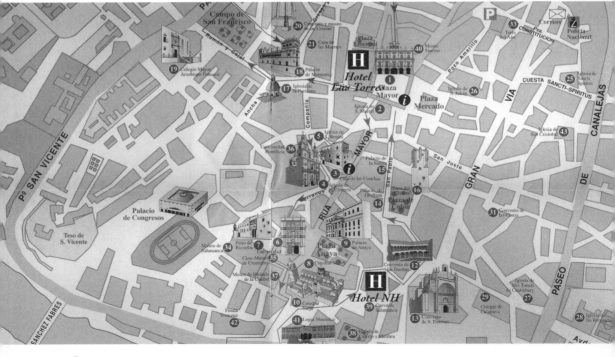

I b1)

Estás en el hotel Las Torres.

- Por favor, ¿Para ir a Correos?
- ▶ Lo más directo es coger la calle Toro hasta Cortefiel*. Allí siga por la derecha. Una vez en el aparcamiento, coja la primera a la derecha. Llega a la Gran Vía. Si cruza frente a la cafetería Gran Vía, se lo encuentra de frente.
- Ya veo, muchas gracias.

* *nombre de unos grandes almacenes.*

I b2)

Estás en el hotel NH.

- Hola, ¿puede decirme cómo llegar a la secretaría de los Cursos Internacionales?
- ▶ A ver, eso está en el Patio de las Escuelas… Tiene que subir por la calle Palominos, es la primera a la derecha al salir del hotel, al lado del Palacio de Orellana. Al final de la calle, llega a la Isla de la Rúa. Coja la calle Serranos y ahí la segunda a la izquierda, es la calle Libreros. Frente a la puerta de la Universidad, al final de la plaza, está el Patio de Escuelas.
- ¿Tengo que coger un taxi?
- ▶ ¡Qué va!, está a cinco minutos andando. Además, así verá lo bonito que está el casco antiguo.
- Muchas gracias, señora.

I c)

Contesta e indica en el plano.

- Buenos días, ¿para ir al Palacio de Congresos, por favor?
- ▶ *(Estás en el Gran Hotel)*

....

....

- Tengo que ir al Ayuntamiento. ¿Está lejos?
- ▶ *(Estás en el Hotel Rector)*

....

....

- Me han dicho que tenía que visitar las Catedrales. ¿Por dónde quedan, por favor?
- ▶ *(Estás en la Universidad Pontificia)*

....

....

- ¿La estación de autobuses, por favor?
- ▶ *(Estás en el restaurante Cuzco)*

....

- Buenos días, ¿me puede indicar el camino más corto para ir al Parador?
- ▶ *(Estás en el convento de las Dueñas)*

....

....

II

Dar informaciones sobre horarios, excursiones...

HISPANIATOURS

EXCURSIONES

	L	M	X	J	V	S	D	
Granada		✗		✗				9.600 pts./persona
Córdoba		✗	✗					9.000 pts./persona
Sevilla		✗			✗			12.000 pts./persona
Ronda			✗					5.500 pts./persona
Mijas (1/2 día)		✗				✗		4.200 pts./persona
Gibraltar	✗	✗	✗	✗	✗	✗		6.500 pts./persona
Cuevas de Nerja		✗						5.500 pts./persona
Ceuta/Melilla barco	✗		✗					12.500 pts./persona
Puerto Banús						✗		4.200 pts./persona

II a)

Observa la hoja de excursiones y completa el siguiente diálogo.

Ejemplo: ■ Buenas tardes, queríamos ir a Sevilla.

¿Hay una excursión para mañana?

(hoy es lunes)

► Sí, señor, pueden ir a Sevilla el martes y el viernes.

■ ¿Pueden decirnos cuándo hay una excursión a Gibraltar?

► ....

■ Vamos a estar unos 4 días en la costa. ¿Dónde podemos ir de excursión?

► *(Hoy es martes)*...

■ Disponemos de 40.000 pts. para irnos de excursión esta semana. ¿qué nos recomienda?

(son dos personas)

► ....

■ Queremos ir de excursión cada dos días, ¿a dónde podemos ir?

► *(Es lunes)*...

TREN	TALGO 1270	TALGO 1270	TALGO 270	TALGO 270	ESTRELLA 11813	ESTRELLA 11813	ESTRELLA 770	ESTRELLA 770
NOMBRE					Alcazaba	Alcazaba	Sierra Nevada	Sierra Nevada
PRESTACIONES	1.ª-2.ª	1.ª-2.ª	1.ª-2.ª	1.ª-2.ª	2.ª	2.ª	2.ª	2.ª
PROCEDENCIA								
Madrid-Chamartín							23.15	23.15
Madrid-Puerta de Atocha	9.45	9.45	15.45	15.45				
Aranjuez							0.17	0.17
Villacañas							1.00	1.00
Alcázar de San Juan	11.08	11.08	17.06	17.06			1.30	1.30
Manzanares	11.37	11.37	17.34	17.34			2.01	2.01
Valdepeñas	11.54	11.54	17.52	17.52			2.19	2.19
Santa Cruz de Mudela							2.29	2.29
Almuradiel-Viso del Marqués							2.44	2.44
Vilches	12.50	12.50	18.47	18.47			3.14	3.14
Linares-Baeza	13.04	13.04	19.03	19.03			3.33	3.33
Cádiz					18.35	18.55		
San Fernando de Cádiz					18.48	19.06		
Puerto de Santa María					19.00	19.17		
Jerez de la Frontera					19.15	19.28		
Sevilla-Santa Justa					20.24	20.38		
Sevilla-Santa Justa					20.40	21.05		
Lora del Río					21.21	21.47		
Palma del Río					21.38	22.04		
Córdoba-Central					22.12	22.37		
Córdoba-Central						22.38		
Villa del Río						23.16		
Andújar						23.34		
Espeluy						23.49		
Linares-Baeza					23.33	0.06		
Linares-Baeza	13.06	13.06	19.05	19.05	4.10	4.10	4.10	4.10
Jódar-Ubeda	13.32	13.32	19.32	19.32	4.40	4.40	4.40	4.40
Moreda	14.47	14.47	20.46	20.46	6.10	6.10	6.10	6.10
Moreda		15.00		21.00				6.50
Iznalloz								7.21
Granada		15.49		21.45				8.00
Moreda	14.52		20.51		6.20	6.20	6.20	
Guadix	15.11		21.11		6.45	6.45	6.45	
Fiñana					7.12	7.12	7.12	
Gergal					7.36	7.36	7.36	
Gádor					8.08	8.08	8.08	
Almería	16.30		22.27		8.27	8.27	8.27	
DESTINO								
OBSERVACIONES	S	S	LMXJV D (1)	LMXJV D (1)	LMXJV D (2)	LMXJV D (3)	(4)	

II b)

Completa el diálogo después de escucharlo.

- Buenas tardes.
- ► Buenas tardes, señora.
- Tengo que coger el primer tren para .... mañana. ¿Puede informarme?
- ► Aquí tiene, señora. El tren sale de la estación de .... a las .... horas. Llega a Córdoba a las ....
- ¿Y a qué hora es el siguiente?
- ► A las .... horas.
- Ya veré el que mejor me conviene. Gracias.

II c)

Observa la hoja de horarios e indica:

→ El primer tren para Almería.

→ El último tren para Madrid (desde X...)

→ Todos los trenes para Valdepeñas.

Escucha el diálogo y di si es verdadero o falso:

V **F**

El número de vuelo para Barcelona es el IB 212.

El señor Kamashi va a Bruselas.

El avión de Bruselas llega a las 15:00.

El retraso previsto es de 30 minutos.

La cafetería está cerrada.

II e)

Observa: Abreviaturas.

En el mundo del turismo, se usan abreviaturas para escribir los nombres de los principales aeropuertos.

PAIS Y CIUDAD COUNTRY AND CITY	CÓDIGO DE AEROPUERTO AIRPORT CODE
ALEMANIA - GERMANY	
BREMEN	BRE
COLOGNE	CGN
DRESDEN	DRS
DUSSELDORF	DUS
ERFURT	ERF
FRANKFURT	FRA
HANNOVER	HAJ
MUNICH	MUC
NUREMBERG	NUE
SAARBRUCKEN	SCN
STUTTGART	STR
BERLIN (SCHOENEFELD)	SXF
AUSTRIA	
GRAZ	GRZ
LINZ	LNZ
SALZBURG	SZG
VIENNA	VIE
BÉLGICA - BELGIUM	
BRUSSELS	BRU
BRASIL - BRAZIL	
SALVADOR DE BAHIA	SSA
COLOMBIA	
CARTAGENA DE INDIAS	CTG
CUBA	
VARADERO	VRA
DINAMARCA - DENMARK	
COPENHAGEN	CPH
BILLUND	BLL
KARUP	KRP
ESPAÑA - SPAIN	
ALICANTE	ALC
ALMERIA	LEI
BADAJOZ	BJZ
BARCELONA	BCN
BILBAO	BIO
FUERTEVENTURA	FUE
GERONA	GRO
GRANADA	GRX
IBIZA	IBZ
LANZAROTE	ACE
LAS PALMAS DE GRAN CANARIA	ALC
MAHÓN	MAH
MADRID	MAD
MÁLAGA	AGP
OVIEDO	OVD
PALMA DE MALLORCA	PMI
PAMPLONA	PMI
REUS	REU
SALAMANCA	SLM
SANTANDER	SDR
SANTIAGO DE COMPOSTELA	SCQ
SEVILLA	SVQ
TENERIFE (SOUTH)	TFS
TENERIFE (NORTH)	TFN
VALENCIA	VLC

PAIS Y CIUDAD COUNTRY AND CITY	CÓDIGO DE AEROPUERTO AIRPORT CODE
VALLADOLID	VLL
VITORIA	VIT
ZARAGOZA	ZAZ
ESTADOS UNIDOS - USA	
NEW YORK (J.F. KENNEDY)	JFK
NEW YORK (NEWARK)	EWR
FINLANDIA - FINLAND	
HELSINKI	HEL
OULU	OUL
FRANCIA - FRANCE	
BORDEAUX	BOD
PARÍS (CHARLES DE GAULLE)	CDG
MARSEILLE	MRS
MULHOUSE	MLH
BREST	BES
NICE	NCE
PERPIGNAN	PGF
STRASBOURG	SXB
GRAN BRETAÑA/ IRLANDA DEL NORTE BREAT BRITAIN/ NOTHERN IRELAND	
ABERDEEN	ABZ
BELFAST	BFS
BIRMINGHAM	BHX
BRISTOL	BRS
CARDIFF	CWL
EAST MIDLANDS	EMA
EDINBURGH	EDI
GLASGOW	GLA
HUMBERSIDE	HUY
LEEDS	LBA
LONDON (GATWICK)	LGW
LUTON	LTN
MANCHESTER	MAN
NEWCASTLE	NCL
SOUTHAMPTON	SOU
STANSTED	STN
TEES-SIDE	MME
GRECIA - GREECE	
ATENS	ATH
RHODES	RHO
THIRA (SANTORINI)	ITR
HOLANDA - HOLLAND	
AMSTERDAM	AMS
EINDOVEN	EIN
ENSCHEDE	ENS
GRONINGEN	GRQ
ISLANDIA - ICELAND	
KEFLAVIK	KEF
ISRAEL	
TEL-AVIV	TLV
ITALIA - ITALY	
BERGAMO	BGY

PAIS Y CIUDAD COUNTRY AND CITY	CÓDIGO DE AEROPUERTO AIRPORT CODE
BOLOGNA	BLQ
CATANIA	CTA
ROME (CIAMPINO)	CIA
NAPLES	NAP
PISA	PSA
MILAN (MALPENSA)	MXP
TURIN	TRN
VERONA	VRN
NORUEGA - NORWAY	
AALESUND	AES
BERGEN	BGO
BODO	BOO
EVENES	EVE
KRISTIANSAND	KRS
OSLO (GARDERMOEN)	GEN
OSLO (FORNEBU)	FBU
STAVANGER	SVG
TRONDHEIM	TRD
POLONIA - POLAND	
KRAKOW	KRK
WARSLAW	WAW
PORTUGAL - PORTUGAL	
FARO	FAO
LISBON	LIS
OPORTO	OPO
REPUBLICA CHECA - CZECHOSLOVAKIA	
KOSICE	KSC
PRAGUE	PRG
REPUBLICA DOMINICANA	
PUERTO PLATA	POP
PUNTA CANA	PUJ
REPUBLICA DE IRLANDA - REPUBLIC OR IRELAND	
CORK	ORK
DUBLIN	DUB
SHANNON	SNN
RUSIA - RUSSIA	
ST. PETERSBURG	LED
MOSCOW (SHEREMETYEVO)	SVO
SUECIA - SWEDEN	
GOTHEMBURG	GOT
MALMOE	MMX
STOCKHOLM	ARN
SUIZA - SWITZERLAND	
BASEL	BSL
GENEVA	GVA
ZURICH	ZRH
THAILANDIA - THAILAND	
BANGKOK	BKK
VENEZUELA	
ISLA MARGARITA (POLAMAR)	PMV

III a)

¿Qué tiempo hace? Escucha y completa el diálogo.

Driiiiing…

■ Hotel Torremilanos, buenas tardes.

▶ Buenas tardes, soy ....
.... y he reservado una
habitación ....
.... ¿Podría decirme ....
.... en Málaga?

■ Por supuesto, Señor Schmitt: ayer ....
.... pero hoy ....
Las temperaturas ....
ligeramente en los próximos días,
pero hace ....
.................., hoy ....

▶ De acuerdo, muchas gracias.

■ De nada, señor Schmitt, hasta mañana
y ....

TEMPERATURAS:

ESPAÑA	MÁX.	MÍN		MÁX.	MÍN		MÁX.	MÍN	EXTRANJERO	MÁX.	MÍN
Ávila	24	9	Madrid	28	11	Toledo	26	14	Roma	21	14
Barcelona	26	18	Málaga	32	22	Valencia	28	20	Lisboa	26	17
Córdoba	31	20	Segovia	26	11	Zaragoza	29	15	París	24	12

III b)

Observa el mapa y dinos:

→ ¿Dónde hace más calor?

→ ¿Dónde está lloviendo?

→ ¿Qué tiempo hace en Córdoba? ¿Y en Valencia?

III c)

Compara el tiempo en Barcelona y en Roma con el de tu región. ¿Dónde hace mejor?

III d)

Y ahora habla con otros clientes del tiempo previsto para los próximos días. Unos van a ir de excursión a Madrid y otros a Ávila, Toledo y Segovia.

¿Qué decir cuando… ??????????

1 …te diriges a alguien para preguntar por un lugar?

- Perdón
- Por favor →
- Disculpe

¿Podría decirme dónde está…?
¿Podría indicarme en el plano dónde está…? →
¿Podría indicarme en el plano cómo llegar…?
Para ir a…

la oficina de turismo.
la plaza X.
la calle/la avenida Y.
la catedral.
el centro de la ciudad.

2 …contestas, dando información?

- ¿Sí?
- ¿Dígame?
- ¿En qué puedo ayudarle-s/la-s?
- Un momento, déjeme/déjenme consultar…
- Acompáñeme/acompáñenme, le/s voy a indicar el camino…
- Le indico el camino más corto en este plano.

3 …y si no sabes?

- No me suena esta calle/avenida/plaza pero déjeme/déjenme consultar…
- Perdone, no soy de aquí/no conozco la ciudad.

4 …indicas el camino?

- Coja
- Tuerza a →
- Gire a
- Cruce

la primera
la segunda
la tercera →
la cuarta
la quinta
la sexta

calle
avenida →

a la derecha
a la izquierda →
paralela a
perpendicular a

y…

- Siga
- Continúe →
- Vaya

todo recto
a la derecha →
a la izquierda

hasta…

- Llegar a →

el cruce
el semáforo

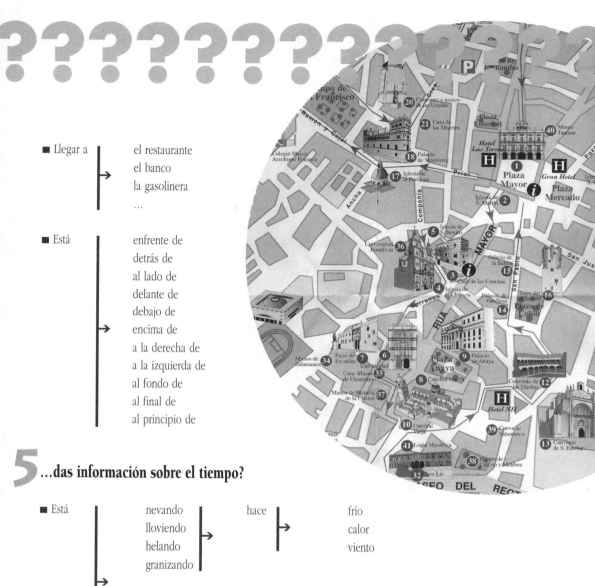

- Llegar a
  - el restaurante
  - el banco
  - la gasolinera
  - …

- Está
  - enfrente de
  - detrás de
  - al lado de
  - delante de
  - debajo de
  - encima de
  - a la derecha de
  - a la izquierda de
  - al fondo de
  - al final de
  - al principio de

5 …das información sobre el tiempo?

- Está
  - nevando
  - lloviendo
  - helando
  - granizando

  hace
  - frío
  - calor
  - viento

  - nublado
  - lluvioso
  - cubierto
  - soleado

  hay
  - niebla
  - chubascos
  - tormenta

- Las temperaturas
  - bajan
  - suben

  - están en descenso
  - están en ascenso

Lectura

La zona turística conocida como la Costa del Sol tiene, según los especialistas, el mejor clima de Europa, sobre todo en los meses de invierno, ya que la temperatura media es de 16 a 19 grados.

Los turistas de invierno pueden tomar el sol, recorrer el monte y, a pocas horas del mar, esquiar en la estación de nieve más famosa del sur de Europa: la Sierra Nevada.

Dentro de la Costa del Sol, hay dos ciudades privilegiadas que gozan de un microclima aún más agradable, son Marbella y Torrox.

La temperatura media del mar es de 18 grados, el sol luce 326 días al año, con no más de 39 días de lluvia en la Costa del Sol malagueña. Los vientos son de levante y poniente y en raras ocasiones, del norte.

EN LA AGENCIA DE VIAJES

HOTELES EN LA HABANA

9 H. IBEROSTAR NEPTUNO ***
3a. Ave y calle 74, Miramar.
Tel.: (537) 33 16 06
Situado próximo al mar, en la residencial zona de Miramar. Habitaciones climatizadas con baño, teléfono, radio y TV. Dispone de restaurante, bar cafetería, piscina con bar acuático, pista de tenis, peluquería y tiendas.
Ventajas "Luna de Miel": Botella de ron a la llegada.

10 H. PRESIDENTE ***
Calzada y G, Vedado.
Tel.: (537) 32 75 21
Se encuentra situado muy próximo al Malecón en la zona de Vedado, una de las principales de la ciudad. Recientemente renovado, las habitaciones disponen de baño, aire acondicionado, radio y teléfono. Cuenta además con cafetería, bar y restaurante, piscina y discoteca.

11 H. PLAZA ****
Zulueta y Neptuno -
Tel.: (537) 33 85 83
De construcción típica colonial, se encuentra situado en el casco histórico de La Habana. Las habitaciones disponen de baño con ducha, teléfono, TV vía satélite, radio, caja de seguridad y servicio de habitaciones. El hotel se completa con con restaurantes, bar, cafetería y tienda de regalos.

12 HOTEL Y BUNGALOWS COMODORO ****
Ave 1a. y calle 84, Miramar
Tel.: (537) 22 55 51 /33 20 11
Complejo situado junto al mar y a 15 minutos del centro de La Habana. Cuenta con restaurante, 3 bares, piscina con bar, cafetería, barbacoa, salón de belleza, boutiques, frontón y discoteca. Se compone de dos tipos de alojamiento. Las habitaciones disponen de aire acondicionado, baño completo, TV, teléfono, radio y terraza, la mayoría con vistas al mar. Los bungalows cuentan con salón, cocina y nevera.

13 H. COPACABANA ****
1ª Av. y Calle 44, Miramar
Tel.: (537) 33 10 37
Situado frente al mar en la zona residencial de Miramar a unos 15 minutos del centro de la ciudad. Todas las habitaciones disponen de baño, teléfono, radio, TV y minibar. Cuenta además con varios bares y restaurantes, snack-bar, grill, sala de fiestas, piscina, peluquería y facilidad para la práctica de deportes.

14 H. NACIONAL *****
Calle O, esquina a 21, Vedado
Tel.: (537) 33 50 54
Hotel colonial con una privilegiada situación frente al mar y una zona caracterizada por su animación. Todas las habitaciones disponen de baño, teléfono, TV vía satélite, aire acondicionado, radio y servicio de habitaciones. Dispone de varios bares y restaurantes cafetería, cabaret, salones, dos piscinas, peluquería y pista de tenis.

15 H. MELIA COHIBA *****
Ave. Paseo e/1a y 3a, Vedado
Tel.: (537) 33 36 36
Moderno hotel inaugurado en 1.995 y situado junto al Paseo Marítimo. Las habitaciones disponen de una innovadora tecnología y disponen de baño completo con secador, teléfono, música ambiental, aire acondicionado, TV, caja de seguridad, mini-bar y servicio 24 horas. El hotel cuenta entre sus instalaciones con varios bares y restaurantes de distintas especialidades, piscina, gimnasio, squash, masaje, sala de convenciones, discoteca (el local de moda de la Habana), piano-bar y barbacoa.

HOTELES EN SANTIAGO DE CUBA

16 H. CASA GRANDA ****
Lacret y Heredia.
Tel.: (226) 86 035
Acogedor hotel de estilo colonial situado en pleno centro de la ciudad frente al parque Céspedes. Toda las habitaciones cuentan con aire acondicionado, teléfono, TV y baño. El hotel se completa con un restaurante, bar, salón y boutique.

NOTA: Según las normas de contratación de la **Agencia Oficial de Turismo Cubano** y dadas las particulares condiciones hoteleras de Cuba, los hoteles previstos pueden ser cambiados por otros de similar categoría sin previo aviso.

I a)

Después de leer atentamente la descripción de estos hoteles, haz una comparación entre los de La Habana, rellenando el esquema siguiente:

CARACTERÍSTICAS	NEPTUNO	PLAZA	COMODORO	M. COHIBA	CASA GRANDA
Calificación en estrellas					
Situación					
Construcción		moderna			
Tipo de habitaciones					
Deporte y/u ocio				frontón	
Aire acondicionado sí/no					sí
Acceso directo a la playa					
Otros					

I b)

Las características que te damos a continuación te ayudarán a describir un hotel. Colócalas en la columna adecuada.

Totalmente climatizado
Familiar
De primera clase
Admite perros
Regular
Miniclub para niños
Pequeño
En primera línea de playa
Elegante
Entorno cuidado
Para sibaritas
Casino
Piscina /climatizada
Televisión

Decoración art déco
Tradicional
Rústico
Habitaciones contiguas
Totalmente reformado
Antiguo palacio del XVI
Servicio de secretaría
Con vista a la sierra
Decoración funcional
Muy caro
Clientela exclusiva
Sala de fiestas
Sauna - jacuzzi
Biblioteca

Tranquilo
Central
Apto, para minusválidos
Mala
Jardines tropicales
Equitación/ golf
Salas para congresos
En medio del bosque
Buenos servicios
Amantes de la naturaleza
Piano bar
Emblemático
Talasoterapia
Chimenea

SITUACIÓN	FACILIDADES/VENTAJAS TIPO DE CONSTRUCCIÓN	ENCANTO	RELACIÓN CALIDAD/PRECIO
Bien situado	Moderno	Cerca del casco histórico	Buena

I c)

Describe el hotel ideal para un viaje de novios, basándote en las características dadas más arriba.

....

....

....

....

....

....

I d)

Escucha el siguiente diálogo y di si es verdadero o falso:

V

☐	No hay hotel de lujo en el centro de Sevilla.	☐
☐	La decoración es regular.	☐
☐	La clientela opina que el hotel es caro.	☐
☐	No hay sitio, la reserva no se puede hacer.	☐

F

I e)

Completa el siguiente diálogo con la información que te damos a continuación.

■ Buenas tardes, queríamos un hotel o una pensión, por cuatro noches.

▶ ....

■ No, preferiríamos una zona tranquila.

▶ ....

■ Por ejemplo, pero ¿cuál es el precio de una doble con desayuno?

▶ ....

■ Estoy buscando algo más barato.

▶ ....

■ Mejor, ¿puede confirmarme la reserva?

▶ ....

HOTEL	SITUACIÓN	PRECIO
Meliá Córdoba	Central	8.500 pts.
Alfarós	Tranquilo	6.500 pts.
San Francisco	Montaña	5.450 pts.

Observa: Símbolos internacionales.

Los símbolos internacionales de los servicios de hoteles son:

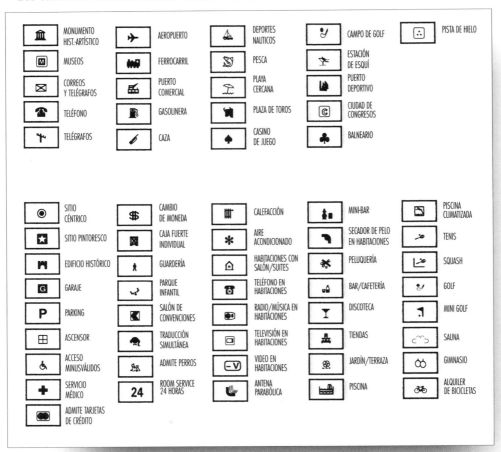

II a)

Escucha el siguiente diálogo y después completa los espacios en blanco.

El Sr. .... llama al hotel ....

Desea reservar .... para pasar una semana, del .... al

.... El hotel está .... Se le ofrece otro hotel

en .... El cliente está .... y pide que se le

haga .... Son .... personas.

II b)

Trabaja con tu compañero/a y haced un diálogo. Tú eres el agente de viajes: Propones distintos hoteles a tu cliente y le aconsejas el que mejor se adapta a su situación.

EL CLIENTE BUSCA :

Un hotel con buena relación calidad/precio, cerca de la playa, por dos semanas, no muy caro. Tiene tres hijos pequeños.

TÚ TIENES SITIO EN:

Hotel Tritón ✳✳✳✳
Benalmádena Costa, clientela mayor, ambiente tranquilo, jardines, vista al mar.
9.650 pts./día

Hotel Amaragua ✳✳✳
Torremolinos, clientela variada, totalmente reformado, en la playa.
7.750 pts./día

Hotel Nautilus ✳✳✳
La Carihuela, ambiente familiar, hotel animado, mini club, en la playa.
4.750 pts./día

Tú compañero/a:

Buscamos .... no muy ....

por .... Tenemos ....

Tú:

Tenemos sitio en ...., situado ....,

la clientela .... y es ....

Su precio es ....

También está el hotel ...., en ....,

cerca .... cuesta ....

Le aconsejo el hotel .... en ....

Es un hotel .... dispone de ....

y tiene .... además ....

Tú compañero/a:

(Acepta o rechaza tus propuestas) ....

....

....

....

....

Aquí tienes un ejemplo de turismo de montaña. Explica a los clientes que buscan "otra cosa" las ventajas de ir al Parque Nacional de Cazorla.

> ### *Hotel Noguera de la Sierpe*
> ### ✸✸✸
> PARQUE NACIONAL DE CAZORLA
>
> *Es el resultado de la adaptación a establecimiento hotelero de una finca familiar de 50.000 m², que data de 1912.*
>
> Situada en el Parque Natural. aquí podrá disfrutar de la presencia de numerosos animales, como el ciervo, la cabra hispánica, el muflón y el jabalí, así como de las distintas especies de flora existentes en el Parque. Posibilidad de excursiones 4x4, montar a caballo o practicar la pesca en lago privado de 12.000 m².
>
> El hotel dispone de salón social, comedor con chimenea, habitaciones con teléfono, TV satélite, hilo musical y canal de vídeo. También bungalows con dos dormitorios, gasolinera y discoteca. Servicio de autobuses cada 30 minutos para traslado al centro de la ciudad.

¿Qué decir cuando… ???????????

1 …indicas la categoría del hotel?

- El hotel tiene 3/4/5 estrellas.
- Este es un hotel de 3/4/5 estrellas.
- Nuestro hotel pertenece a la categoría de 5 estrellas G.L. (Gran Lujo).
- Nuestro hotel pertenece a la categoría superior.

2 …sitúas y describes?

- El hotel se encuentra…
- El hotel está situado…
- El hotel es …
- El hotel tiene…
- El hotel ofrece…
- El hotel se distingue por…
- El hotel es conocido por…
- El hotel tiene fama de…

- En el hotel se puede...
- En el hotel tiene/n la posibilidad de...
- En el hotel existe la oportunidad de...
- En el hotel se alojará/n usted/ustedes en...

- Todas las habitaciones tienen...
- En cada habitación hay...
- Nuestras instalaciones cuentan con...
- En nuestra casa encontrarán...
- Nuestros bungalows están equipados con...

3 ...comparas distintos hoteles?

- El hotel X

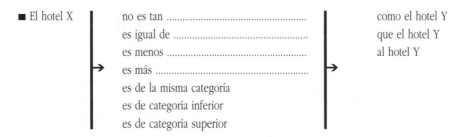

no es tan		como el hotel Y
es igual de		que el hotel Y
es menos		al hotel Y
es más		
es de la misma categoría		
es de categoría inferior		
es de categoría superior		

4 ...preguntas por preferencias y/o aconsejas la elección de un hotel?

- ¿Prefiere/n .... o ....?
- ¿Le/s gusta/n más .... o ....?
- ¿Qué tipo de hotel prefieren?
- ¿Cómo le/s gustaría que fuera su hotel?
- ¿Tienen una idea determinada sobre el hotel que quieren?
- ¿Han decidido ya su hotel?
- ¿Desean que le/s aconsejemos sobre la oferta de hoteles en esa zona/región?

- Este hotel corresponde a lo que usted/ustedes buscan.
- Este hotel es ideal para las vacaciones que desean.
- La relación calidad/precio de este hotel es/no es buena/muy buena/excelente.
- Basándonos en la opinión de nuestros antiguos clientes, este hotel es ....
- Las críticas de nuestros clientes son (muy) positivas.
- Le recomendamos (muy) especialmente el hotel ....
- La/s ventaja/s de este hotel es/son ....

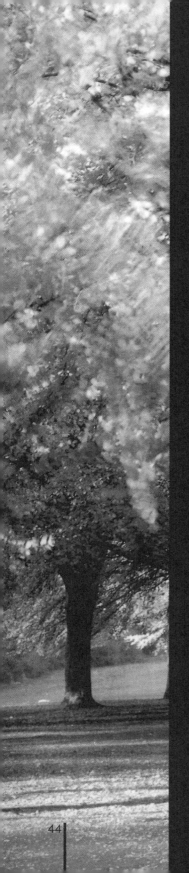

Lectura

En los últimos años, la oferta turística se ha diversificado considerablemente. Paralelamente a la oferta de sol y playa, se han desarrollado en España nuevas formas de turismo como, por ejemplo, el turismo cultural, lingüístico y rural.

Este último pretende acercar el individuo a la naturaleza. La otra España invita al turista a descubrir sus grandes bosques, sus ríos y sus verdes valles, sus pequeños pueblos de montaña, sus vestigios romanos, ... y a conversar tranquilamente con sus habitantes, a degustar su rica y variada gastronomía tradicional, a compartir sus fiestas y su alegría.

Muchas comunidades disponen ya de una red de alojamientos perfectamente organizada con casitas dispersas por pequeñas poblaciones preparadas al efecto.

LOS SERVICIOS

■ I

Después de leer la descripción del Hotel Cortijo Las Matas, di cuáles son los servicios ofrecidos al cliente. ¿Qué actividades puede practicar en las instalaciones interiores y exteriores? ¿Y cuáles son las tareas del personal del hotel?

Hotel Cortijo Las Matas
★★★

SITUACIÓN:
Entre Marbella y San Pedro de Alcántara, a 200 m. de la playa.
DISTANCIA DEL AEROPUERTO:
70 km., a 10 minutos del centro de Marbella.
INSTALACIONES:
Construcción tipo pueblo andaluz, con patio central y habitaciones alrededor. Recepción, salón social, sala de juegos, bar y piano bar, restaurante. Servicio de peluquería, boutiques, discoteca. Alquiler de coches.
EXTERIORES:
Grandes jardines subtropiocales, piscina adultos y niños de agua dulce. Bar de piscina y tumbonas.
ALOJAMIENTO:
Todas las habitaciones disponen de cuarto de baño completo, aire acondicionado, teléfono directo, minibar, televisión con canal de vídeo y terraza.
DEPORTES:
2 canchas de tenis, ping-pong, volley-ball, baloncesto, volley playa, cursos de natación. Posibilidad de alquilar tablas de vela, clases de golf, equitación, etc. El hotel pone raquetas, pelotas y matrial necesario a disposición de los clientes.
ANIMACIÓN:
Animación todas las noches. Programa semanal de espectáculos y baile.
RÉGIMEN:
El hotel practica la fórmula "Todo incluído", pensión completa y extras a lo largo del día (pasteles, café o té, refrescos y alcoholes nacionales).

Todas las comidas se sirven en buffet.
Servicio de lavandería todos los días.
Caja fuerte a disposición del cliente.

INTERIOR	CLIENTE	PERSONAL DEL HOTEL
En la recepción	Esperar	Recibir al cliente
	Registrarse	Inscribirlo
	Reservar	Informarlo
	Pedir la cuenta	Rellenar formularios
	Presentarse, etc...	Entregarle la llave, etc...
En el Salón social		
En la Sala de juegos		
etc...		

EXTERIOR	CLIENTE	PERSONAL DEL HOTEL
En la piscina	Nadar	Dar clases de natación
	Jugar	Controlar
	Tomar el sol	Limpiar piscina
	etc...	etc..
En los jardines		
En la sauna		
etc...		

I b)

Escucha el siguiente diálogo y di si es verdadero o falso:

V

☐	El recepcionista no puede informar sobre los cursos de tenis.	☐
☐	Hay clases de tenis en grupo todos los días.	☐
☐	El marido de la señora también quiere jugar al tenis.	☐
☐	Hay clases de golf tres veces a la semana.	☐
☐	El marido de la señora se inscribe en las clases de golf.	☐

F

Observa el dibujo, ponte en el lugar del jefe de recepción... e intenta contestar a todas las preguntas de tus clientes:

El mismo grupo de clientes japoneses tiene un horario muy apretado.
Elabora un diálogo con esta información:

DESAYUNO *de 7:00 a 8:00*
EXCURSIÓN *salida a las 8:15*
ALMUERZO *de 13:30 a 15:00*
CENA *de 19:30 a 20:30*
VISITA *de la guía 20:30 a 21:00*
ANIMACIÓN *programa a las 21:00*

Cliente A: ....
....
Tú: ....
....

Cliente B: ....
....
Tú: ....
....
Otros: ....
....
....
....
....

II

Algunos hoteles ofrecen servicios de salud: talasoterapia, aguas termales, medicina china...

EL PARAISO

El masaje chino "TUI-NA" es un tipo de masaje especial que sirve para armonizar la balanza energética de los meridianos de la acupuntura. Hay por ahora aproximadamente 3.000 médicos en el mundo que dominan esta técnica de masaje. Junto con las terapias chinas como acupuntura, acupresión, masaje especial TUI-NA, plantas medicinales, también ofrecemos los siguientes métodos naturales:

TERAPIA NEURAL, TERAPIA DE OXÍGENO, SEGÚN EL PROFESOR VON ARDENNE, TERAPIA DE OZONO, HIDROTERAPIA DE COLON, TERAPIA DEL AYUNO, otras...

También disponemos de los más modernos métodos diagnósticos como:
Acupuntura eléctrica según Voll
Método de bioresonancia
Diagnóstico por regulación térmica

Tratamientos para enfermedades ginecológicas y urológicas, coronarias y de circulación, sistema nervioso, enfermedades reumáticas, gastrointestinales, respiratorias y del aparato locomotor, estrés, piel, adicciones y otras como tratamiento contra el dolor, trastornos de potencia (tratamiento de pareja), etc...

LA ACUPUNTURA ES UN MÉTODO QUE TRATA DE ESTIMULAR DIVERSOS PUNTOS DE DEBILIDAD ENERGÉTICA.

TIENEN EL FIN DE LLEGAR A UN EQUILIBRIO ENERGÉTICO Y ASÍ CURAR ENFERMEDADES Y ALIVIAR DOLORES.

LAS TÉCNICAS MÁS UTILIZADAS EN NUESTRO CENTRO SON EL MASAJE TUI-NA Y LA ACUPUNTURA, ENTRE OTRAS MUCHAS.

II a)

Lee el folleto del centro de medicina china del hotel El Paraíso. ¿Crees que este tipo de "turismo" se dirige a una categoría determinada de "turistas"?

¿A qué tipo de clientes les recomendarías el centro de medicina china?

II c)

Elabora un diálogo con tu compañero/a, en el que recomiendas que acuda a este hotel.

Tu compañero/a: ....

....

Tú: ....

....

III a)

Escucha y completa el diálogo siguiente:

■ *Cliente:* Quiero hablar con el jefe de recepción, por favor.

► *(Contesta, tú eres el jefe de recepción)*

....

....

....

■ *Cliente:* Había reservado una habitación doble y me han dado una individual.

► *Tú: (Pide información sobre el cliente)*

....

....

■ *Cliente:* Me llamo Anderson y estoy en la Nº 629.

► *Tú: (Compruebas y contestas, el cliente tiene razón, pero no hay solución hasta dentro de dos días)* ....

....

■ *Cliente:* Voy a llamar a mi agencia.

► *Tú: (Ofrece una compensación al cliente)*

....

....

■ *Cliente:* Es poco serio, pero acepto su oferta.

► *Tú: (Discúlpate otra vez y promete buscar una solución)* ....

....

III b)

Eres jefe/a de recepción. Haz un diálogo con tu compañero/a y ofrece una solución.

El cliente tiene la información publicada en el folleto. Al llegar al hotel, la habitación que se le da no tiene aire acondicionado, los grifos del cuarto de baño gotean y no tiene terraza.

■ Tú: ....

► Tu compañero/a: ....

■ Tú: ....

► Tu compañero/a: ....

IV a)

Escucha el siguiente diálogo y completa el texto.
Fíjate antes en la informacion que te damos sobre la lavandería.

El señor Kawasaki ha entregado a la lavandería

...., y ....

.... pero le han devuelto sólo ....

.... y

otra .... El cliente se va

.... y desea ....

La camisa que le falta es ....

La lavandería ha cometido un error y

....

La camarera ....

.... y la empleada de la lavandería

....

....

....

SERVICIO DE LAVANDERÍA LAVADO Y PLANCHADO

RECOGIDA DE ROPA ENTRE 09:30 Y 12:00
ENTREGA A PARTIR DE LAS 19:00

TARIFAS

Camisa de caballero	1.450 pts.
Americana	3.250 pts.
Pantalón de caballero	3.250 pts.
Corbata	1.200 pts.
Falda de señora	2.500 pts.
Blusa	1.450 pts.
Vestido	2.500 pts.
Ropa interior/calcetines/medias	450 pts.
Pañuelos	450 pts.
Vestido de noche	5.850 pts.
Smoking	9.500 pts.
Jersey de punto	3.250 pts.

Suplemento prendas delicadas: +500 pts./pieza

IV b)

¿Qué reacciones de la columna B se corresponden mejor con las reclamaciones de la columna A?

A	B
Mi habitación no está hecha.	Disculpe, ahora mismo le llevamos uno.
El grifo de agua caliente no funciona.	La camarera se las sube inmediatamente.
Falta un cuchillo en la mesa.	El técnico se lo arregla en unos minutos.
No hay perchas en el armario.	Le enviaremos ahora mismo un electricista.
El aire acondicionado es defectuoso.	Los clientes anteriores acaban de salir.
Los servicios están sucios.	Por supuesto, se la llevamos ahora.
No me han cambiado las toallas.	Ha siso un olvido, perdone, señora.
La bombilla de la lámpara se ha fundido.	Lo siento, la reponemos enseguida.
Querría una manta más, por favor.	El fontanero llega en un instante.
Se ha acabado la mermelada.	Le ruego disculpe este olvido, señora.

¿Qué decir cuando...

1 ...necesitas tiempo para pensar?

- Un momento, por favor
- Permítame un segundo
- Voy a consultar con mi superior

- Voy a comprobar los datos que tengo
- Bien, pues...
- Bueno, vamos a ver...
- Verá, es que...
- Deje que aclare las cosas...

- ¿Cómo le diría...?
- El caso es que...
- A ver si me explico, es que...

2 ...tienes que tranquilizar a alguien?

- No se preocupe
- No se alarme

- No se impaciente
- Quédese tranquilo
- Tranquilícese
- No tiene importancia

→

Ahora mismo se lo solucionamos
En un momento arreglamos la situación
El problema se resolverá enseguida
Si no se arregla, le proponemos...

3 ...tienes que manifestar tu acuerdo/tu desacuerdo?

- Estoy de acuerdo con ustedes
- En esto estamos de acuerdo
- En esto coincidimos
- Somos de la misma opinión
- Yo también lo pienso/digo/creo

- Estamos de acuerdo en parte
- Acepto casi todo lo que dice
- Sólo diferimos en una cosa

- Pensamos más o menos lo mismo
- Aunque no del todo, estamos de acuerdo
- Puede que sí, pero...

- Esto es discutible/opinable
- Hasta cierto punto. Sin embargo...
- Comprendo su punto de vista, pero...
- No estoy de acuerdo en absoluto
- Eso no es cierto/Esto es mentira/Esto es falso

- No tiene usted razón en absoluto
- Nuestras opiniones/nuestros puntos de vista no coinciden para nada
- Perdón, pero usted está equivocado/se equivoca/está exagerando
- Esto es intolerable
- Lo encuentro inaceptable
- Me opongo a que...
- Quiero manifestar mi más enérgica protesta

4 ...tienes que dar una respuesta positiva a una pregunta?

Por ejemplo: ¿les gusta el flamenco a tus clientes?

- Un poco

- Me parece que sí
- Probablemente sí
- Imagino que sí
- Oh, sin duda...
- Supongo que sí
- Seguramente sí

- Me gustaría que sí
- Naturalmente
- Les encanta
- Muchísimo
- Les entusiasma
- Sin duda
- Les chifla*

5 ...tienes que dar una respuesta negativa a una pregunta?

Por ejemplo: ¿bebe alcohol?

- No, casi nada
- No me gusta nada
- No, nada

- ¿Cómo voy a beber?
- Muy poco
- Quita, quita, nada*
- Se puede decir que no
- Ni por asomo*
- No, no bebo
- Ni he bebido, ni bebo, ni beberé jamás

- ¡Qué va, nada de nada!
- Antes sí, pero ahora no
- De ningún modo
- Hace mucho que lo dejé
- De ninguna manera
- Nunca he bebido alcohol

* expresiones coloquiales

Lectura

Sorprendente y especial

Así se puede definir este hotel que, en honor de lo que acogió entre sus muros hace siglos, se llama Casa Santiago. Situado en el precioso pueblo de Albarracín (Teruel), ofrece todo un espectáculo de buen gusto y bienestar.

La Casa de los Caballeros de la Orden de Santiago, datada en el siglo XVII, forma parte del paisaje urbano de Albarracín. Puesto en venta, Jesús Jiménez y María Jesús Soriano lo compraron y decidieron convertirlo en hotel sin escatimar esfuerzos. Para su rehabilitación contrataron a todo un equipo de profesionales, empezando por el arquitecto Pedro Ponce de León, pasando por Miguel de Haro y terminando con las decoradoras Cassandra Constant y Teresa Cordero. El resultado es una combinación acogedora y sorprendente de colores en paredes y techos, muebles de madera y forja, telas de vichy con diferentes diseños y un mantenimiento y realce de todas las estructuras del edificio original.

Inicialmente el hotel contaba sólo con cinco habitaciones dobles y baño completo, pero hace poco ha terminado una ampliación en la parte superior, que ha consistido en hacer cuatro dormitorios más, uno de ellos tipo suite, con unas vistas de la ciudad muy bonitas, solamente superadas por un salón-solanar que está en lo alto de la casa. La decoración sigue en la línea de lo que ya existía, es decir, cabeceros de forja con doseles de tela, combinando con colchas y cubrecolchones, luces auxiliares cálidas... Los cuartos de baño son todos completos y dispone de un sistema de calefacción por hilo radiante, de forma que no hay radiadores y el hotel está perfectamente acondicionado. El desayuno es a base de café con leche, chocolate si se desea, pan tostado, mantequilla, mermeladas, pastas lugareñas, madalenas... y zumo de naranja natural. Asimismo se sirven cenas y comidas, donde la cocina turolense tiene una presencia constante y que hay que probar, sobre todo en esta época de caza. Como relevantes son sus precios, muy ajustados y con una relación precio-calidad excelente. La atención es esmerada y cariñosa para el cliente y la estancia resulta muy agradable, apoyada por el entorno.

AL TELÉFONO

Al turismo una sonrisa... también por teléfono...

Al turismo... una sonrisa.

COSTA DEL SOL
ANDALUCIA
PATRONATO PROVINCIAL DE TURISMO • COSTA DEL SOL

Servicio España Directo (línea directa con España)

Este servicio permite a los usuarios que se encuentren desplazados en los países con los que se tiene establecida esta relación, y que deseen celebrar conferencias a Cobro Revertido con cargo a los clientes llamados de nuestro país, acceder a las operadoras españolas, quienes establecerán las comunicaciones solicitadas.

• El **Servicio España Directo** está abierto con los países que a continuación se relacionan, con indicación de la numeración a componer desde cada uno de ellos:

Alemania	→	España	0130 80 00 34
Argentina	→	España	0034 800 444 11
Australia	→	España	1800 881 340
Bélgica	→	España	078 11 00 34
Bolivia	→	España	08 00 00 34
Brasil	→	España	00 080 34
Canadá	→	España	1800 463 82 55
Colombia	→	España	980 34 00 57
Corea del Sur	→	España	009 00 34
Costa Rica	→	España	16 1
Chile	→	España	00 – 03 3
Dinamarca	→	España	80 01 00 3
Estados Unidos	→	España	
- ATT			1800 24 SPA
- MCI			1800 9 ESPAN
- US SPRINT	→	España	1800 676 40
Filipinas	→	España	105
Finlandia	→	España	980 010
Francia	→	España	19 – 00
Guatemala	→	España	800 0
Hong-Kong	→	España	00 – 800 0
Hungría	→	España	Teléfonos Deci
India	→	España	008 1
Indonesia	→	España	y Teléfonos Dec
			1800 55
Irlanda	→	España	172.
Italia	→	España	00
Japón	→	España	08 01
Luxemburgo	→	España	00 28
Marruecos	→	España	Tecla esp
México	→	España	
Nicaragua	→	España	80
Noruega	→	España	06 0
Nueva Zelanda	→	España	105
Países Bajos (Holanda)	→	España	105
Paraguay	→	España	0
Portugal	→	España	1800
Puerto Rico	→	España	
Reino Unido	→	España	080
- B.T.			
- Mercury	→	España	180
Rep. Dominicana	→	España	
Suecia	→	España	00 1
Tailandia	→	España	99
Turquía	→	España	
Uruguay	→	España	
Venezuela	→	España	

(a) Desde teléfonos residenciales (b) Desde teléfonos

• E **Servicio Directo País**, permite a los usuarios de la red telefónica española conectar con la operadora del país distante, en solicitud de conferencias a Cobro Revertido, según la siguiente numeración:

España	→	Alemania	900 99 00 49
España	→	Australia	900 99 00 61
España	→	Bélgica	900 99 00 32
España	→	Bolivia	900 99 05 91
España	→	Brasil	900 99 00 55
España	→	Canadá	900 99 00 15
			900 99 09 57

Comunicaciones nacionales

Servicio Automático

Llamadas dentro de la provincia

• **Metropolitanas**. Llamadas efectuadas en el mismo Distrito Regular, considerando como tal el Area Metropolitana.
• **Provinciales**. Llamadas efectuadas entre Distritos Regulares de la misma provincia.

Llamadas a otras provincias (Nacionales) Marque el prefijo provincial + el número deseado (en total nueve dígitos).

Prefijos provinciales (1)

A Coruña	981	Cádiz	956	Jaén	953	Pontevedra	986
Álava	945	Cantabria	942	La Rioja	941	Salamanca	923
Albacete	967	Castellón	964	Las Palmas	928	Sta Cruz Tenerife	922
Alicante	96	Ceuta	956	León	987	Segovia	921
Almería	950	Ciudad Real	926	Lugo	982	Sevilla	95
Asturias	98	Córdoba	957	Lleida	973	Soria	975
Ávila	920	Cuenca	969	Madrid	91	Tarragona	977
Badajoz	924	Gipuzkoa	943	Málaga	95	Teruel	978
Baleares	971	Girona	972	Melilla	95	Toledo	925
Barcelona	93	Granada	958	Murcia	968	Valencia	96
Bizkaia	94	Guadalajara	949	Navarra	948	Valladolid	983
Burgos	947	Huelva	959	Ourense	988	Zamora	980
Cáceres	927	Huesca	974	Palencia	979	Zaragoza	976

(1) Algunas poblaciones no se corresponden con el prefijo provincial que figura en esta relación.

Servicio a través de Operadora

Para todas las llamadas Metropolitanas, Provinciales y Nacionales, Marque el **009**. En este número puede Vd. solicitar las facilidades siguientes:

• **Conferencia a cobro revertido**. Conferencia con cargo al cliente de destino, previa conformidad de éste.
• **Conferencia con cargo a terceros**: Conferencia con otra persona, indicando al que le atiende que el importe se cargará a otro que lo autorice previamente.
• **Conferencias personales**: Conferencia para comunicar expresamente con una persona determinada.
• **Conferencia con hora predefinida**: Conferencia para celebrar a la hora que Vd. fije, dentro del mismo día.

Al contestar la operadora deberá indicarle Vd. la población y el número de teléfono con el que quiere comunicarse, así como la "facilidad especial" a la que desea acogerse. Tenga Vd. en cuenta, que si desea saber su importe deberá indicarlo al solicitarla.

Tarifas (*)

(*) Estas tarifas fueron aprobadas por la Orden Ministerial del 27 de abril de 1993 del Ministerio de Obras Públicas y Transportes, y publicadas en el BOE número 101 de fecha 28 de abril de 1993.

Son netas y no incluyen impuestos

Precio de las llamadas desde teléfonos privados fijos

El coste de la Unidad de Tarificación (paso) es de 4,36 PTA.

TIPO DE LLAMADA	POR CUOTA DE ESTABLECIMIENTO DE LA COMUNICACION	POR USO DE LA LINEA SEGUN HORARIO		
		PUNTA 4,36 PTA. por cada periodo de tiempo o fracción	NORMAL	REDUCIDA
METROPOLITANA Ej: Madrid-Alcorcón	4,36 PTA.	180 seg.	180 seg.	240 seg.
PROVINCIAL Ej: Madrid-Alcalá de Henares	17,44 PTA.	10,2 seg.	14,3 seg.	28,6 seg.
NACIONAL Ej: Madrid - Sevilla	17,44 PTA.	5,6 seg.	8,0 seg.	15,6 seg.

PUNTA : De lunes a viernes de 8 a 17 h.; sábados de 8 a 14 h.
NORMAL : De lunes a viernes de 17 a 22 h.
REDUCIDA : De lunes a viernes de 22 a 8 h. del día siguiente; sábados a partir de las 14 h.

I a)

Escucha y completa el diálogo siguiente:

- Buenos días, ...
- ► Buenos días, señorita, necesito que .... mañana a las 7:30.
- Sin problema, señor ¿ .... es su .... y ....
  .... de habitación, por favor?
- ► ...., habitación Nº...........................
- De acuerdo, señor .... Mañana, 7:30. Hasta luego.
- ► Gracias, adiós.

I b)

Escucha y completa el diálogo siguiente:

- Recepción, buenos días…
- ► Buenos días, me llamo .... ¿Podrían despertarme ....
  .... a las .... Tengo que .... en el aeropuerto
  a las ...., así que, si pueden .... un taxi, se lo agradecería.
- De acuerdo, señor ...., el taxi .... aquí a las ....
- ► Gracias.
- ...., señor.

I c)

Escucha y di si es verdadero o falso.

V

☐	La cliente quiere el desayuno a las 8:00.	☐
☐	La cliente se llama Silvia Pinheiro.	☐
☐	El desayuno contiene cereales.	☐
☐	El desayuno llegará a las ocho menos veinte.	☐

F

II a)

Escucha y rellena los espacios en blanco:

II a1)

- ¿Sí?
- ► Buenos días, señor, son las ....
  Le recuerdo que su taxi estará aquí a
  las .... Si desea desayunar,
  puede hacerlo en la cafetería a partir de
  las ....
- Gracias.

II a2)

- Bueno, Pepe, yo ya he terminado ....
  ...., no te olvides
  de .... a los señores ....
  .... a las ...., y a
  la señora de la ....
  ....
- ► Vale, ...,
  aquí lo .... Hasta
  mañana.
- Que tengas una noche tranquila.
- ► ¡Ojalá!

II b)

Observa la ficha siguiente y, con los datos que contiene, elabora varios diálogos con tu compañero/a. Tened en cuenta lo que habéis oído en la grabación.

HOTEL LOS PINOS	**D** DESPERTAR		**T** TAXI											FECHA	/ /
NOMBRE	4:30	4:45	5:00	5:15	5:30	5:45	6:00	6:15	6:30	6:45	7:00	7:15	7:30	7:45	8:00	8:15
Mata							D						T			
Jones				D		T										
Schmitt						D		T								
Toki						D			T							
João				D			T									
Nielsen		D						T								

- Tú:*(Recuerda a tu colega los mensajes pendientes para los clientes 1, 3 y 5 de la ficha)*

....

....

- ► Tu colega: *(Pregunta lo que pasa con los clientes 2, 4 y 6)*

....

....

III a)

Escucha los diálogos siguientes y di si es verdadero o falso.

V		F
☐	El cliente llama a la lavandería.	☐
☐	El número de la lavandería es el 3.410.	☐
☐	El número de habitación del cliente es el 741.	☐
☐	El cliente pide una botella de coñac.	☐
☐	El número de la recepción es el 3.404.	☐

IV a)

Escucha el texto siguiente dos veces y di si es verdadero o falso.

V		F
☐	La reserva del señor Fernández no se puede hacer.	☐
☐	El señor Fernández ha anulado su viaje.	☐
☐	La reserva estaba prevista del 20 al 31 de diciembre.	☐
☐	El señor Fernández pasará las Navidades en el hotel Los Infantes.	☐
☐	El precio de la habitación es de 8.500 pesetas.	☐

IV b)

Completa la ficha del señor Fernández con la información anterior:

RESERVA

NOMBRE:.. HABITACIÓN: ....

LLEGADA: .... SALIDA: ....

TIPO DE HABITACIÓN: .... PRECIO: ....

OBSERVACIONES:

RESERVADO POR: ....

.... TELÉFONO: ....

Fecha: ..../............/.............   Firma: ....

V a)

Tú eres el/la jefe/a de recepción del hotel Nautilus. Completa el diálogo.

■ ....

► Buenos días, queríamos reservar para dos semanas en julio, ¿tienen todavía dos dobles libres?

■ ¿...?

► Del 15 al 30 de julio.

■ ....

► Ah, bien. No, en media pensión. ¿Cuál es el precio, por favor?

■ ....

► Sí, está bien.

■ ¿...?

► Carmen Polo Encinar.

■ ¿...?

► Palencia, Oviedo, Lérida, Oviedo - España, Navarra, Cataluña, Italia, Navarra, América, Roma.

■ ¿...?

► Sí, por supuesto. Es el 07.34.235.62.28

■ ¿...?

► No, todavía no le puedo decir exactamente, pero creo que sobre las 16:00.

■ ....

► Gracias, hasta pronto.

V b)

Escucha el diálogo siguiente y toma nota del recado para la señora Sterckx.

HOTEL
Torre del Oro

FECHA: / /   HORA:

Para el Sr./la Sra.: ....

☐ ha venido   ☐ ha telefoneado

El Sr./la Sra.: ....   Tel.: ....

de ....   ☐ volverá a llamar

☐ volverá a pasar   ☐ ruega le/la llame

☐ desea verle/a

☐ ha dejado este mensaje

....

....

....

....

Tomado por:

VI

Observa las viñetas e imagina qué está pasando. Elabora una historia con tu compañero/a. Pon mucho cuidado en el tono.

¿Qué decir cuando...

1 ...descuelgas el teléfono?

- Hotel XX
- Hotel YY ↦ Buenos días
Dígame
Buenos días, le habla (tu nombre y apellido)

2 ...transmites una llamada desde el exterior?

- Un momento, por favor ↦ Le paso con la señora/el señor Z
Le paso con la habitación Nº

- No se retire, por favor ↦ está comunicando
no hay nadie en la habitación
estamos buscando al señor/la señora X
voy a intentar localizarlo/la en...

- En este momento ↦ no está/n ↦ en el despacho
en la habitación
en el hotel

- Quédese en línea, por favor, le paso con ↦ mi colega
mi compañero/a
mi jefe/a
el director/la directora

3 ...transmites una llamada desde el interior hacia fuera?

- Señor/señora Y ↦ le paso su llamada
está en línea el señor X

4 ...pides disculpas porque te has equivocado?

- Perdón/Disculpe ↦ me he equivocado
creo que es un error
me han conectado mal
no estoy en la extensión correcta

5 ...preguntas por alguien?

- Querría hablar con...
- ¿Podría pasarme con...?
- ¿Está el señor, la señora X...?

...te identificas y pides que se identifique el interlocutor?

- Soy (nombre y apellido) ¿Con quien hablo, por favor?
  ¿Cuál es su nombre, por favor?
  ¿Quién es usted?

 ...no consigues la comunicación?

- El número solicitado está   comunicando
  fuera de línea
  no contesta

- ¿Desea que vuelva...   a llamar?
  a intentar la llamada?

 ...la persona solicitada no está?

- Lo siento   el señor/la señora X...   no está
- Lo lamento   no se encuentra aquí
- Desgraciadamente   está reunido/a
  ha salido
  se ha ido ya

- ¿Puede llamar dentro de diez minutos?
- ¿Podría llamar   esta tarde?
  mañana?
  la semana que viene?

 ...la línea tiene interferencias?

- ¿Oiga?
- ¿Perdón?
- ¿Puede hablar más alto/más despacio, por favor?
- Lo siento, no le oigo bien.
- No le oigo, ¿puede repetir?
- La comunicación es mala, no le oigo.
- No le oigo nada, lo siento.

 ...preguntas al interlocutor si desea dejar algún recado?

- ¿Quiere dejarle al señor X/la señora Y algún recado?
  algún mensaje?

- ¿Quiere que le diga algo?

11 ...dejas un recado para otra persona?

- ¿Podría decirle al señor X/la señora X que
- Dígale por favor que ....
- Dígale por favor que ....
- Infórmele por favor de que ....:.

→ me vuelva a llamar?
mi número es el ....

12 ...recibes un recado para otra persona?

- De acuerdo, se lo digo/se lo diré
- Enseguida se lo comunico
- En cuanto llegue/vuelva/termine, se lo entrego

13 ...te despides por teléfono?

- Adiós
- Hasta luego
- Hasta pronto
- Hasta la vista
- Hasta mañana/la semana que viene/el año que viene/Navidad

14 ...das la hora?

- 6:00 → las seis/las seis en punto
- 6:05 → las seis y cinco
- 6:10 → las seis y diez
- 6:15 → las seis y quince minutos/las seis y cuarto
- 6:20 → las seis y veinte
- 6:25 → las seis y veinticinco
- 6:30 → las seis y treinta minutos/las seis y media
- 6:35 → las seis y treinta y cinco/las siete menos veinticinco
- 6:40 → las seis y cuarenta/las siete menos veinte
- 6:45 → las seis y cuarenta y cinco/las siete menos cuarto
- 6:50 → las seis y cincuenta/las siete menos diez
- 6:55 → las seis y cincuenta y cinco/las siete menos cinco
- 7:00 → las siete/las siete en punto

Lectura

Cómo conseguir
el mejor asiento en cada avión

Si trabajas en una agencia emisora, es muy probable que tengas que aconsejar a tus clientes sobre la mejor forma de viajar, en función de su presupuesto.

No es lo mismo un viaje de negocios que unas vacaciones familiares; quizá tampoco le apetezca a una mujer o a un hombre de negocios sentarse en el avión al lado de una familia con cuatro hijos pequeños... Observa unas cuantas reglas de oro y te convertirás en un/a profesional muy solicitado/a...

El mejor asiento en el avión si se trata de...

Airbus 310
Si estás entre los privilegiados que vuelan en primera clase, siéntate en los 1B o 1C, donde las bandejas de los entremeses llegan las primeras y por tanto, intactas. En la clase preferente, si quieres buen servicio, elige los asientos 21C o 21H, justo al lado de las azafatas.

Airbus 300-600
Un consejo para los pasajeros de preferente aficionados a tomarse una copa: los carritos de bebidas se aparcan junto a los asientos A, C, D, E, G, H y K de la fila 26. Para los pasajeros con piernas largas que vuelen en turista, los asientos A, C, H y K de la fila 34 son los más espaciosos.

Boeing 747/200
En preferente, los asientos 1A, 1C, 1H o 1K ofrecen amplio espacio para las piernas y permiten trabajar y descansar tranquilamente.

ALQUILER DE COCHES. ESPECTÁCULOS

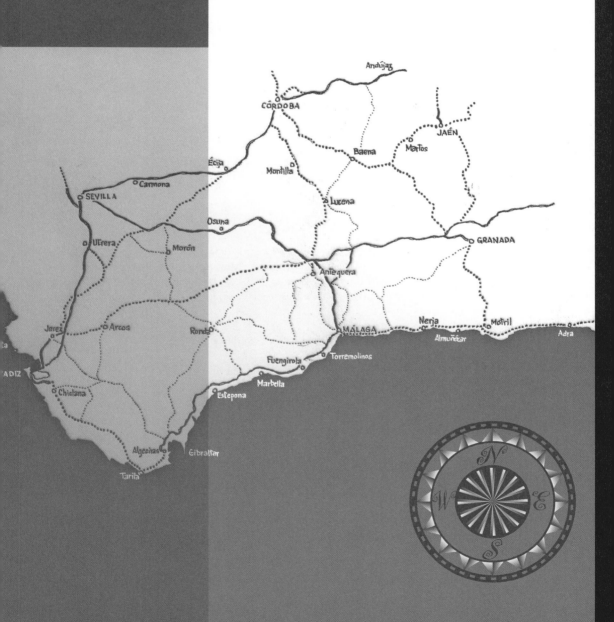

I a)

Lee atentamente el texto siguiente:

CRIERGCUULIAR

8 DÍAS 7 NOCHES

ITINERARIO

LLEGADA AL AEROPUERTO DE MÁLAGA /TORREMOLINOS

Llegada a Málaga. Los clientes son recibidos por nuestra representante en el aeropuerto y llevados en autocar privado al hotel.

Instalación y tiempo libre.

Reunión de todos los participantes en el hall del hotel para el cocktail de bienvenida.

Cena y noche en el hotel.

TORREMOLINOS/NERJA/GRANADA

Desayuno en el hotel

Salida para el circuito "Descubriendo Andalucía".

Visita de las cuevas de Nerja, conjunto extraordinario de estalactitas y estalagmitas. Restos de pinturas, armas, joyas y osario han permitido determinar que la cueva estuvo habitada desde el Paleolítico hasta la Edad de Bronce, hace más de 4.000 años.

Almuerzo en carretera.

Después del almuerzo, breve visita de Nerja.

Salida para Granada,

Llegada a Granada por la tarde e instalación en el hotel.

Almuerzo en el restaurante de su hotel y noche libre.

GRANADA

Desayuno en el hotel

Salida y visita de la ciudad.

Visita, entre otros, de la Alhambra -"el castillo rojo".

Esta fortaleza-palacio está situada en el alto de una colina, rodeada de vegetación, el Generalife, que fue residencia de los sultanes de Granada, y que goza de magníficos jardines en terrazas.

Estos dos monumentos son el testimonio de la dominación musulmana en España durante 781 años.

Almuerzo en el hotel.

Tarde libre para pasear por el barrio antiguo.

Cena de tapas en un bar típico y tarde-noche libre.

GRANADA/CÓRDOBA

Desayuno en el hotel

Salida para Córdoba. Parada en Montilla, visita de una bodega y degustación de vinos.

Después del almuerzo, visita de la Mezquita. Empezada en el siglo VIII y terminada a finales del siglo X, fue transformada después en catedral. Visita del Barrio Judío y de sus estrechas calles blancas y patios florecidos con fuentes y de la Sinagoga –la última de Andalucía.

Tiempo libre para compras en tiendas de artesanía.

Cena en el hotel y noche libre.

CÓRDOBA/SEVILLA

Desayuno en el hotel.

Llegada a Sevilla a última hora de la mañana. Instalación y almuerzo en el hotel. Después del almuerzo, tiempo libre.

Cena en el hotel y después, paseo romántico en barco, por el río Guadalquivir, para admirar Sevilla de noche. (El crucero puede efectuarse antes o después de la cena.)

Vuelta al hotel.

SEVILLA

Desayuno en el hotel

Salida y visita de Sevilla, una de las ciudades más románticas.

Visita panorámica de las principales avenidas con el espléndido parque de Maria Luisa, ofrecido a la villa por la Duquesa de Montpensier. Visita a pie de los monumentos más representativos, como el Alcázar –magnífico palacio, ahora residencia oficial del Rey Juan Carlos–, el Barrio de Santa Cruz – antigua Judería, adoptada en el siglo XVII por la aristocracia sevillana–, y por fin, la catedral –la mayor de España por su tamaño–, célebre por su torre cuadrada "la Giralda", antiguamente minarete de la mezquita.

Almuerzo en el hotel.

Tarde libre para hacer las últimas compras.

Cena en un restaurante típico. Noche libre. Posibilidad de asistir a un espectáculo flamenco.

SEVILLA/RONDA/TORREMOLINOS

Almuerzo en Ronda.

Ronda está situada en un gran circo montañoso y se abre a un tajo de más de 100 metros que divide la ciudad en dos partes, confiriéndole este aspecto tan peculiar. La Plaza de Toros, inaugurada en 1785, es la más antigua de España.

Salida para Torremolinos. Llegada al hotel. Cena y noche en el hotel.

TORREMOLINOS/AEROPUERTO DE MÁLAGA

Desayuno en el hotel. Traslado al aeropuerto y formalidades de embarque.

I b)

Trabajas en una agencia de viajes y tienes que elaborar un circuito para un grupo de turistas que visitan tu región. Completa el texto siguiente con la información adecuada siguiendo el modelo anterior:

DESCUBRIENDO .... CIRCUITO CULTURAL DEL ⬤ AL ⬤

DÍA 1:

Llegada al aeropuerto de ....
A la llegada, los clientes .... y
....

DÍA 2:

....
Después del desayuno, salida para ....
...................................., pasando por ....
....
....
....................Visita ....
...................................., donde ....
....
.... Almuerzo
en .... Tiempo libre por la
tarde para ....
....
Llegada a ....
Cena y alojamiento en ....
.... Posibilidad de ....
....

DÍA 3:

....
Desayuno en el hotel.
Visita .... y
de sus famosos monumentos como ....
....,
........................., del siglo ....
o ...., antiguo ....
....
Almuerzo típico en ....,
a base de ....
Por la tarde, visita a pie ....
.... o ....
Cena en el hotel y posibilidad de ....
....

DÍA 4:

....
Desayuno en el hotel.
Salida hacia ....,
..........................., vía ....
donde visitaremos ....
Llegada a última hora de la mañana a
....
Almuerzo en ....
.... Visita por la tarde
....
Cena y alojamiento en el hotel

DÍA 5:

....
.... Visita la ciudad de
.... Es la ciudad más
importante de este circuito, porque
....
Almuerzo en un ....
.... La comida típica de este lugar es:
....
Tarde tranquila para .... o
....

DÍA 6:

....
.... Salida para
.... vía ....
Almuerzo en el maravilloso pueblo de ......
..................................., impresionante por
....
Continuación hacia ....
Llegada al hotel

DÍA 7:

....
Desayuno en el hotel. ....
al aeropuerto ....

II a)

Escucha y di si es verdadero o falso:

V

		F
☐	En Segovia los hombres mandan el 5 de febrero.	☐
☐	El trofeo "matahombres de oro" se entrega a las mujeres.	☐
☐	Las mujeres de Zamarramala son buenas cocineras.	☐
☐	Los moros han liberado a los hombres de Zamarramala.	☐
☐	El pueblo no pagó los impuestos hasta el siglo XVIII.	☐

V

		F
☐	Los carnavales son una fiesta religiosa.	☐
☐	En los carnavales se critica la vida social y política.	☐
☐	En Ciudad Rodrigo no se celebran los carnavales.	☐
☐	"Carnaval" es quemado en la hoguera.	☐
☐	Los carnavales fueron prohibidos en los años 80.	☐

V

		F
☐	El Lunes de Aguas es el que sigue al primer domingo de Pascua.	☐
☐	Las prostitutas vivían en el pueblo durante la Semana Santa.	☐
☐	La Iglesia las obligaba a cruzar el río.	☐
☐	El Lunes de Aguas, los hombres cruzaban el río.	☐
☐	El hornazo es un tipo de chorizo.	☐

II b)

Acompañas a un grupo de turistas por Castilla y León. Cuéntales alguna de las tradiciones de la región que visitas y que acabas de oír.

III a)

Lee la oferta cultural de Sevilla de la página siguiente y contesta a tus clientes en función de sus intereses.

- ■ Buenos días, acabamos de llegar a Sevilla y nos gustaría ver algo muy típico.
- ▶ ¿Qué es lo que les interesa, señores: ¿cine, teatro, danza…?
- ■ Nos gusta mucho la danza, y también la buena música…, algo muy español.
- ▶ Les recomiendo por ejemplo ...., en el Teatro
  .... o también ....
  .... en ....

- ■ Buenas tardes, señores. ¿Qué tal han pasado el día?
- ▶ Estupendamente, fuimos de excursión a la Sierra. Está preciosa. Mañana descansamos y por la noche iremos al cine, ¿hay una buena película que ver?
- ■ Sí, claro, pueden ver .... en el cine ....
  o .... en el cine .... a las ....
- ▶ Muchas gracias…
- ■ A su servicio, señores.

■ Buenos días, nos han dicho que había una exposición de pintura muy buena sobre los toros…

► Sí, señores aquí lo ven, está en .... en la calle ....

■ ¿Cuáles son las horas de visita?

► De .... a ...., las horas son de .... a ....
Pero si les interesan los toros, también pueden visitar ....
........................, en ....

■ Muy bien, también queremos asistir a un buen espectáculo flamenco. ¿Nos puede recomendar algo?

► Por supuesto, tienen muchas posibilidades… Por ejemplo: ....
.... en la calle .... o ....
en la plaza .... y también ....
en el paseo de ....

Sevilla

CINES

Bécquer
Bécquer, 19/437 07 85
Miércoles no festivo, día del
espectador. Jueves no festivo, día del acompañante.
La roca. 17.00, 20.00 y
22.00. 18 años.

Cervantes
Amor de Dios, 33/438 58
10 Miércoles no festivo, día
del espectador. Jueves no
festivo, día del acompañante.
Tormenta blanca. 17.30,
20.00 y 22.30. 13 años.

Delicias
Albaida, s/n/435 27 36
Precio reducido todos los
días. **Eraser.** 18.00, 20.30
y 23.00. 18 años.

TEATROS

Teatro Central
Isla de la Cartuja, s/n.
Consejería de Cultura.
Junata de Andalucía.
Información y reservas: 95-
446 07 80.
Fura dels Baus. Manes
Del 10 al 13 de octubre.
Creación: Pera Antiñá,
Rafael Vives, Nico Nubiola.
Dirección: Pera Antiñá.
21.00 horas.

CARTELERA

Atalaya. Elektra Del 24 al
27 de octubre. Dirección:
Ricardo Hiniesta. 21.00
horas.

**Handspring Puppet
Company (Sudáfrica).
Fausto en África** Días
30 de octubre al 2 de
noviembre. Dirección:
William Kentridge. Basada
en las dos partes de Fausto
de Goethe. 21.00 horas.

Venta de entradas a partir
del día 1 de octubre en los
centros comerciales de El
Corte Inglés, S.A., en
Hipercor, S.A. en horario
comercial y en las taquillas
del Teatro central dos horas
antes del comienzo de cada
espectáculo.

MÚSICA

Auditorio de Sevilla
Camino de los Descubri-
mientos, s/n Isla de la
Cartuja. **Sevilla Joven.**

**Joaquín Sabina y Los
Rodríguez** Día 5 de octubre a las 21.30. Venta de
entradas: El Corte Inglés y
en la taquilla del Auditorio
de 12.00 a 22.00.

José Manuel Soto Día 3
de octubre a las 21.30.

Teatro de la Maestranza
Paseo de Colón, 22/422
65 73. **María Bayo**
Piano: Tatiana Kriukova.
Programa: Chants d'Auvergne,
de Joseph Canteloube;
Cuatro Madrigales Amato-
rios, de Joaquín Rodrigo;
Canciones clásicas españolas, de Fernando J.
Obradors, y Canciones
Amatorias, de Enrique
Granados. Día 9 de octu-
bre a las 21.00 horas. Venta
de localidades a partir del día
30 de septiembre en la
taquilla del teatro, de
10.00 a 14.00 y de 17.00
a 20.00 horas.

DANZA

Teatro de la Maestranza
Paseo de Colón, 22/
422 65 73. **Compañía
Nacional de Danza.**
Director artístico: Nacho Duato.
Programa: Petir Mort, coreografía de Jiří Kylián y música de W. Amadeus Mozart;
Extractos de KYR, coreografía de Ohad Naharin y música de The Tractor's Revenge
y Ohad Naharin; Por vos
muero, coreografía de
Nacho Duato y música antigua española de los siglos
XV y XVI.
Del 3 al 5 de octubre a las
21.00 horas. Venta de localidades a partir del día 25
de septiembre en la taquilla
del teatro, de 10.00 a
14.00 y de 17.00 a 20.00
horas.

EXPOSICIONES

**Real Maestranza de
Caballería de Sevilla.**
Plaza de Toros. paseo de
Colón, 12.

Exposición de fotografías
Imágenes de la Maestran-
za, de Atín Aya. Horario de
visitas: de lunes a sábados,
de 10.00 a 13.30 y de
17.00 a 20.00. Cerrado
festivos. Hasta el 31 de
octubre. Entrada libre.

SALAS DE FIESTA

El Patio Sevillano.
Paseo de Colón, 11/421
41 20 y 422 20 68.
Último pase: 23.30 horas.
Espectáculo flamenco.

Los Gallos.
Plaza de Santa Cruz,
11/421 69 81. Horario:
de 21.00 a madrugada.
Espectáculo flamenco.

Puerta de Triana.
Castilla, 137/434 22 04.
De 23.00 a madrugada.
Espectáculo flamenco.

CARTELERA
PINTURA
D A N Z A
T E A T R O
CARTELERA
M Ú S I C A
C I N E ...

IV

Lee la ficha de alquiler de coches. Selecciona un coche: Tus clientes son dos franceses jubilados, no van a hacer muchos kms. Quieren alquilarlo por cinco días y tienen un presupuesto medio:

CAT.	3 DÍAS	5 DÍAS	7 DÍAS	+ 7 DÍAS/POR DÍA
A	11.600	17.400	23.000	3.200
B	12.200	18.300	24.100	3.300
C	13.400	19.700	25.800	3.500
D	16.600	24.100	31.400	4.300
E	19.300	27.500	35.600	4.900
F	28.000	43.900	56.700	7.800
G	38.600	57.100	75.600	10.600
H	47.300	69.500	92.800	13.000

	TIPO DE COCHE	PUERTAS	PLAZAS
A	Seat Marbella	2	4
B	Renault Clio/Ford Fiesta	2	4
C	Peugeot 205/Renault Clio	4	5
D	Ford Escort/Peugeot 309	4	5
E	Opel Astra/Ford Orion	4	5
F	Suzuki Jeep	2	4
	Ford Orion (aire acondicionado)	4	5
G	Microbus PJ 5/Ford Transit	4	9
H	Opel Vectra/Peugeot 405	4	5

ESPECIFICACIONES

E F G H
Radio cassette

F H
Aire acondicionado

F* H
Automático
* sólo Ford Orion.

C O N D I C I O N E S G E N E R A L E S

Duración mínima del alquiler: 3 días.
Edad mínima del conductor: 21 años.
Carné de conducir: antigüedad 2 años.
Tarifa aplicable sólo para la entrega y recogida en Málaga y Sevilla.

Los Precios incluyen:
→ Kilómetros ilimitados.
→ Seguro a terceros, con fianza y responsabilidad civil.
→ Seguro a todo riesgo.
→ Seguro a personas transportadas.
→ Impuesto I.V.A. 16%.

Tipo de combustible: gasolina sin plomo o súper, según modelo. No incluida.

IV a)

Escucha los diálogos y completa la ficha que te damos a continuación:

NOMBRE CLIENTE	LUGAR DE ENTREGA	CATEGORÍA COCHE	DEL	AL	PRECIO TOTAL	FORMA DE PAGO	OBSERVACIONES

IV b)

Con tu compañero/a, elabora tú también un diálogo. Tú eres el/la agente de viajes y tu compañero/a, el/la cliente.

V

Aquí tienes unas recomendaciones para viajar a Santo Domingo. Piensa en tu propio país o región y haz tú también una lista de recomendaciones útiles. No te olvides de describir brevemente la ciudad/región/país que has elegido, como en el modelo.

LA mayoría DE LA GENTE QUE VIAJA A SANTO DOMINGO ELIGE SOLTOUR.
POR ALGO SERÁ.

RECOMENDACIONES ÚTILES

DOCUMENTACIÓN: Pasaporte en regla para ciudadanos españoles. Otras nacionalidades, rogamos consulten con el consulado o embajada correspondiente.

MONEDA Y TASAS DE AEROPUERTO: La unidad monetaria es el peso dominicano, equivalente a unas 12 pts. aproximadamente. A la entrada y salida del país deberá abonar una tasa de unos 10 dólares.

SANTO DOMINGO
REPUBLICA DOMINICANA

Recuerde que la diferencia horaria es de 6 horas. El estado de las carreteras hace que el tiempo en recorrerlas sea mayor al que estamos acostumbrados. A continuación les relacionamos algunos ejemplos:

PUERTO PLATA-BAHÍA PRÍNCIPE: 90 km. 1 hr. aprox. PUERTO PLATA-SAMANÁ: 222 km. 3,30 hrs. aprox. PUERTO PLATA-SANTO DOMINGO: 235 km. 3,30 hrs. aprox. PUERTO PLATA-LA ROMANA: 131 km. 2,30 hrs. aprox. PUERTO PLATA-PLAYA BÁVARO: 215 km. 4 hrs. aprox.

CLIMA E INDUMENTARIA: Predomina el clima tropical húmedo con una temperatura que oscila entre los 28 y 30 grados. Lleve por tanto ropas ligeras en fibras naturales como algodón o lino, bañador, protector solar, repelente de mosquitos, etc.

SALUD: Si está sometido a algún tratamiento médico, lleve consigo todo lo que pueda necesitar. Como medida precautoria beba siempre agua embotellada. Sea prudente con la exposición al sol.

GASTRONOMÍA: Entre la variedad que ofrece, es la "bandera" (compuesto de arroz blanco, habichuelas y carne guisada) el más popular, que suele ir acompañado de ensalada y rodajas de plátano frito. Cabe destacar también el pescado con coco, la langosta, y sobre todo el tradicional salcocho (derivado del cocido español). De cualquier forma encontrará una variada selección de restaurantes que combinan cocina internacional con la típica comida criolla.

COMPRAS: En Santo Domingo (capital) y Puerto Plata se dan numerosos centros comerciales donde podrá adquirir artículos de artesanía, cerámica, figuras y mecedoras de caoba, piedras semipreciosas, carey y las típicas pinturas Naif. El regateo es una práctica habitual.

PROPINAS: No suele incluirse el servicio en las cuentas de bares y restaurantes. Calcule entre un 10-15% del importe de la cuenta.

VOLTAJE ELÉCTRICO: La corriente eléctrica es de 110-115 voltios. No olvide un adaptador de clavija plana tipo americano.

V a)
Descripción:

....

....

....

....

V b)
Recomendaciones útiles:

PAÍS/REGIÓN	....
DOCUMENTACIÓN	....
MONEDA Y TASAS DE AEROPUERTO	....
CLIMA E INDUMENTARIA	....
SALUD	....
GASTRONOMÍA	....
COMPRAS	....
PROPINAS	....
VOLTAJE ELÉCTRICO	....

V c)

Recuerde que...

(aquí debes incluir peculiaridades del país como en el modelo)

....

....

....

....

¿Qué decir cuando... ???????????

1 ...describes circuitos?

Desde nuestro punto de encuentro salimos hacia...

- Después

  → del desayuno
  del almuerzo
  de la cena

  → visitarán.
  podrán aprovechar el tiempo para...
  tendrán al oportunidad de...

- Por

  → la mañana
  la tarde
  la noche

  → saldremos para... (ciudad/país...)
  llegaremos a... (hotel/restaurante/ciudad)
  asistiremos a ... (un espectáculo/...)

2 ...recomiendas espectáculos?

- Si le/les gusta

  → el teatro
  la danza
  el flamenco
  el cine
  la ópera

  → hay...
  le/les recomiendo...
  pueden elegir entre... y...
  las mejores obras/películas del momento son...
  no se pierdan...

- ¿Ha/han pensado en ....?
- ¿Qué le/s parece si ....?
- Le/s propongo que ....
- Le/s sugiero ....
- ¿Y si ....?
- ¿Por qué no ....?

Lectura

Isla Mágica es un Parque Temático ambientado en la exploración del Nuevo Mundo por pioneros españoles, con la Sevilla del Siglo XVI como punto de partida.

Sus visitantes pasarán un día inolvidable recorriendo cada una de las seis zonas que hacen de Isla Mágica el paraíso de la diversión: Sevilla Puerto de Indias, Puerta de América, Amazonia, La Guarida de los Piratas, La Fuente de la Juventud y ElDorado. En cada una de ellas una aventura diferente aguarda a sus exploradores, transladándoles cuatro siglos atrás y haciéndoles sentir lo que vivieron los aventureros más audaces de la época. El visitante vivirá experiencias irrepetibles entre atracciones únicas en Europa, espectáculos legendarios y personajes caracterizados, al igual que toda la Isla Mágica, en este siglo de nuevas sensaciones.

Quizás el único respiro tenga lugar en cualquiera de los puntos de restauración o el alguna de las tiendas del Parque. Pero aún así los visitantes sentirán la fantasía y el encanto de un siglo lleno de sorpresas. Todo puede suceder en Isla Mágica.

De una cosa no hay duda, a quien le apasione la aventura, Isla Mágica es su perdición.

DESPEDIR AL CLIENTE

1 LA FACTURA

■ I

Escucha los tres diálogos que te damos a continuación. ¿Puedes reconocer el tono de la conversación? ¿Cuál de los tres es el más cordial? ¿Por qué? ¿Cuál de los tres es el más formal? ¿Por qué?

■ I a)

■ Buenos días, Sra. Otero.

► Hola Kerstin, ya me voy…, mi avión sale a las 10:45 y tengo que entregar el coche de alquiler en el aeropuerto.

■ Le deseo que tenga un buen viaje, Sra. Otero, y espero que volvamos a verla por aquí.

► Seguro que sí…, he pasado unos días estupendos. La verdad es que estaba muy cansada y estos días frente al mar me han venido muy bien. Además, este hotel es estupendo: buen servicio, buena comida, buenas instalaciones y, sobre todo, tú, Kerstin, siempre dispuesta a ayudar y siempre con la sonrisa puesta… Por cierto, toma, esto es para ti, para que te compres algo que te guste.

■ ¡Oh, muchas gracias! Sra. Otero, pero no es necesario…

► Sí, sí, de verdad, me ha encantado conocerte. Espero que sigas aquí cuando vuelva el año que viene.

■ ¡Yo también lo espero! De nuevo, buen viaje y hasta pronto.

► Adiós, Kerstin, y muchas gracias por todo.

I b)

- Buenos días, señor.
- ► Buenos días. ¿Está preparada mi factura?
- Sí, señor, aquí tiene:

  Dos noches en habitación individual y en media
  pensión ....
  Llamadas telefónicas ....
  Cafetería y minibar ....
  Servicio de lavandería ....
  Más el 7% de I.V.A. ....
  Total ....

- ► Diez, veinte, treinta, cuarenta y cincuenta… Quédese
  con la vuelta.
- Gracias, señor, que tenga buen viaje.
- ► Vale, adiós, hasta otro día.
- Adiós, señor.

I c)

- Buenos días, señores, les hemos prepa-
  rado la factura.
- ► Bien, gracias. ¿Cuánto es?
- 114.879 pts., señores.
- ► Cárguelo en la tarjeta American Express
  de la compañía, por favor.
- ¿Me deja su tarjeta, por favor? Gracias.
  Se la devuelvo enseguida.
- ► Ya está, señor. Aquí tiene su tarjeta.
  Que tengan buen viaje y hasta pronto.
- Gracias, adiós.

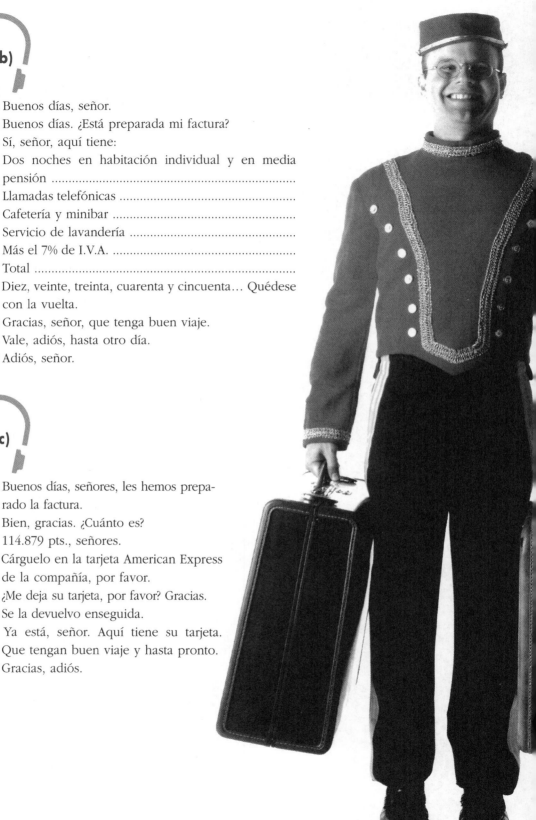

Elabora un diálogo con tu compañero/a, basado en la situación siguiente. Fíjate en las circunstancias y cuida el tono de la conversación. Aquí tienes los elementos:

HOTEL TRES ESTRELLAS
★ ★ ★

ESTANCIA DE 2 SEMANAS DE VACACIONES DE VERANO

CUATRO PERSONAS: DOS ADULTOS Y DOS NIÑOS

TONO CORDIAL: LA FAMILIA PIDE LA CUENTA

- ....
  ....
  ....
- ....
  ....
  ....
- ....
  ....
  ....
- ....
  ....
- ....
  ....
- ....
  ....

II b)

Vuelve a escuchar la audición I b y completa la nota que te damos a continuación.

2 VENTANILLA DE RECLAMACIONES

I a)

Escucha el texto siguiente y di si es verdadero o falso:

V

☐	José Vilches se fue a la India en agosto.
☐	Facturó el equipaje hasta Bombay.
☐	José Vilches pasó las vacaciones con lo puesto.
☐	Cuando se encontró su maleta, él estaba en la India.
☐	Quiere volver a la India gratis.

F

I b 1)

Después de leer atentamente las dos situaciones siguientes, imagina un diálogo con tu compañero/a, en el que tú eres el/la responsable de la empresa involucrada. Tu cliente está muy enfadada/o y tienes que tranquilizarla/le:

Cecilia Gallego viajó a una isla del Caribe con una agencia mayorista en julio pasado. Después de una semana en un hotel, se trasladó a otro y se encontró con distintos problemas:

→ La habitación que le dieron no había sido reformada (el folleto decía que el hotel había sido renovado).

→ No había aire acondicionado en las habitaciones, sólo en las zonas comunes (el folleto decía que el hotel estaba totalmente climatizado).

→ El desayuno era del tipo continental (el folleto anunciaba un desayuno "full american breakfast").

Te damos algunas ideas para disculparte, pero no olvides ofrecer una compensación. Recuerda lo que has aprendido hasta ahora.

> Hubo una huelga de obreros de la construcción, había llovido mucho y los materiales no se secaron a tiempo, las habitaciones no reformadas son más auténticas, no se va al Caribe buscando lujo, en el folleto había un error de la imprenta, debía decir que NO todas las habitaciones están reformadas...

> Aire climatizado quiere decir que se adapta al clima de la zona, por lo tanto, ha disfrutado del clima caribeño, etc...

> El desayuno había sido modificado entre la fecha de impresión del folleto y la fecha de las vacaciones de Cecilia Gallego, etc...

> Hubo una avería del sistema de refrigeración, que duró una semana, justo el tiempo que la clienta permaneció en el hotel, qué pena...

....
....
....
....
....
....

I b 2)

Los señores Paniagua Santos reservaron un viaje con una agencia minorista...

A su llegada a Madrid se incorporaban a un grupo de turistas que salían para Santiago de Compostela. Una azafata debía esperarlos en el aeropuerto. El vuelo llegaba a Santiago a las 18:30. Por culpa de unas obras en el aeropuerto de Madrid, el avión salió con dos horas de retraso y llegó a Santiago a las 20:30. La azafata no estaba en el aeropuerto. Los señores Paniagua interponen una reclamación al aeropuerto de Barajas y otra a la agencia minorista porque la guía no estaba esperándolos.

En el aeropuerto de Barajas: Explicas los motivos y das/no das la razón a tus clientes, por tratarse de algo que no se puede evitar...

....
....
....
....
....

En la agencia minorista: Explicas que la azafata no puede pasarse la noche en el aeropuerto/que se habrá ido con otros clientes/que no se sabía la hora exacta de llegada/que…

....

....

....

....

....

I b 3)

Imagina con tu compañero/a las reclamaciones de la señora. Tú eres el director del hotel y contestas…

....

....

....

....

....

....

....

Con tu compañero/a, imaginad dos o tres reclamaciones y escribidlas en el libro que encontraréis más abajo.

Con otros dos compañeros/as, comentad las reclamaciones recibidas. Uno de vosotros es el/la director/a. Buscad una solución y una compensación para los clientes.

3 TAMBIÉN RECIBIMOS FELICITACIONES

En parejas, escribid unas tarjetas de felicitación por distintos motivos.

Queridos amigos:

Buen hotel, servicio excelente, comida estupenda...
¡Volveremos!

Familia Pérez

HOTEL SOL
Pº Marítimo

PALMA DE MALLORCA

I b)

Después de recibir las tarjetas, comenta con un/a compañero/a las felicitaciones y cuéntale lo que te dicen los demás clientes:

I b 1) Los señores X… me dicen que .... y que piensan que ....
.... y que el servicio ha sido .... y que
.... a sus amigos.

I b 2) La señora Z… decía en su carta anterior que ....
porque ....
....
....

I b 3) Aquel grupo de estudiantes nos escribió el otro día para ....
.... y su tarjeta decía que ....
y que ....
....

II a)

Escribe una carta con los elementos que te damos a continuación:

Unos clientes te han enviado una carta en la que te felicitan por el buen servicio de la agencia en la que trabajas y te informan de que se han olvidado dos camisas en uno de los hoteles en los que se han alojado. Te piden que contactes con ellos e intentes localizar la ropa olvidada.

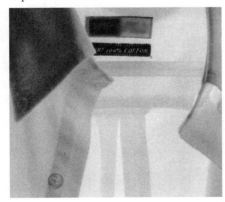

....
....
....
....
....
....
....
....
....
....
....
....

II b)

Imagina la conversación telefónica. Tú trabajas en la agencia y tu compañero/a es el/la recepcionista del hotel.

Tú: ....

Tú compañero/a: ....

Tú: ....

Tú compañero/a: ....

II c)

Escribe una cartita a tus clientes contándoles que el hotel Nautilus les enviará las camisas urgentemente. Agradece sus felicitaciones y despídete con un cordial saludo.
Si crees que es difícil escribirles, puedes llamarles por teléfono para comunicarles la buena noticia.

HOTEL
NAUTILUS

Observa:

Para empezar una carta en español:

SIEMPRE SE PUEDE EMPEZAR POR:

Estimada/s señora/s
Estimado/s señor/es.

NO SE USA NUNCA:

Querido señor
Querida señora.

Para agradecer una carta, un regalo, una llamada…:

PUEDES DECIR:

Le(s) agradezco/le(s) agradecemos su amable carta/llamada
Muchas gracias por su carta (+fecha)

Para decir que puedes hacer algo/enviarles lo pedido/dar información:

PUEDES DECIR:

Con mucho gusto le(s) envío/le(s) informo de…

Para despedirte:

PUEDES DECIR:

Espero que hayan pasado unas buenas vacaciones/hayan tenido un buen viaje de regreso/hayan vuelto al trabajo sin dificultad, etc.
Aprovecho la oportunidad para saludarle(s).
Atentamente.

Deseando verles pronto en nuestro hotel/nuestra agencia etc…
Me despido.
Con un cordial saludo (si conoces a los clientes)

¿Qué decir cuando... ???????????

1 ...los clientes reclaman?

1º Comprobar los datos.
2º Comprobar de dónde procede el error.
3º Reaccionar.

EL/LA CLIENTE DICE:
■ Nosotros habíamos pedido .... y nos han dado ....
■ Al revisar la cuenta, hemos visto que nos han cobrado ....
■ El folleto decía que .... pero ustedes no lo han cumplido.

EL/LA CLIENTE ESTÁ INDIGNADO/A:
■ Es intolerable **que + subjuntivo**.
■ No hay derecho **a que + subjuntivo**.
■ Esto es un escándalo.

2 ...tú reaccionas?

APARENTEMENTE EL ERROR ES DE TU EMPRESA
■ Lo siento/sentimos   el caso es que + (explicación)
  Disculpe/n   lo cierto es que + (explicación)
  Verá/n → pero + (el error es del cliente, se lo demuestras)
  Perdone/n   si bien/aunque + (aceptación del error) + sin embargo (justificación)
  Comprendemos su enfado

EL ERROR ES DE UN INTERMEDIARIO
■ Me voy a encargar personalmente de que...
  Vamos a hacer lo imposible para... → (solucionar el problema)

■ Las cosas no son tan evidentes... → (demostrar nuestra "inocencia", explicar el error)

■ Vamos a comprobar los hechos y... → (tranquilizar, explicar, etc.)

Lectura

España está considerada como un buen
destino turístico por la mayoría de los
turistas. En este momento, el mayor por-
centaje de turistas extranjeros que visitan
España son franceses. Entre mayo'94 y
mayo'95, alrededor de seis millones de
franceses han visitado nuestro país. Estos
visitantes tienen más de 35 años, viajan
de forma individual y se alojan preferen-
temente en hoteles de categoría media-
alta. La duración de las estancias suele
ser de nueve días. Nos visitan durante
todo el año, si bien es mayor la afluencia
durante los meses de verano.

Se observa un buen nivel de satisfacción
entre los turistas recientes. El 38% se
declara muy satisfecho y el 55% bastante
satisfecho. Los más satisfechos son los
turistas que provienen de la región pari-
sina y, los que menos, los que tienen una
edad comprendida entre los 25 y los 45
años. Sólo un 7% se declara poco satisfecho[1].

[1] Datos de un estudio realizado por SOFRES en enero'96,
para la OFICINA ESPAÑOLA DE TURISMO en París.

2

PARTE
PARTE
PARTE
PARTE
PARTE
PARTE
PARTE
PARTE
PARTE
PARTE

EL MECANISMO DE LA RESERVA

En general, un cliente individual se dirige primero a una agencia de viajes de su localidad. Ahí se le presenta un catálogo con distintas posibilidades de viaje y hoteles (v. unidad 4 de la parte 1)

Una vez hecha la elección, la agencia minorista se pone en contacto con el T.O. (*Tour operador*) con el que tiene relación y le transmite la reserva del cliente.

A su vez, el T.O. pasa la reserva definitiva a la agencia receptiva del país elegido.
Esta reserva se comunica al hotel y se confirma al cliente, siguiendo el mismo esquema.

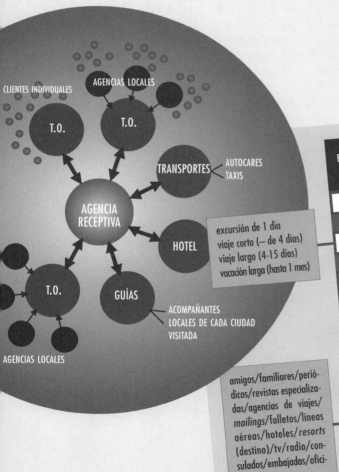

CLIENTES INDIVIDUALES

AGENCIAS LOCALES

T.O.

T.O.

TRANSPORTES — AUTOCARES / TAXIS

AGENCIA RECEPTIVA

HOTEL

excursión de 1 día
viaje corto (– de 4 días)
viaje largo (4-15 días)
vacación larga (hasta 1 mes)

T.O.

GUÍAS — ACOMPAÑANTES LOCALES DE CADA CIUDAD VISITADA

AGENCIAS LOCALES

POSIBLE SECUENCIA DE COMPRA DE UN CLIENTE

SURGE EL DESEO DE VIAJAR

SE DECIDE EL TIPO DE VIAJE

amigos/familiares/periódicos/revistas especializadas/agencias de viajes/ *mailings*/folletos/líneas aéreas/hoteles/*resorts* (destino)/tv/radio/consulados/embajadas/oficinas turismo

SE DECIDE CUÁLES SERÁN LAS FUENTES DE INFORMACIÓN PRIMARIAS A UTILIZAR

SE MANTIENE UN PERÍODO DE REFLEXIÓN E INDECISIÓN

amigos/familiares/periódicos/revistas especializadas/agencias de viajes/ *mailings*/folletos/líneas aéreas/hoteles/*resorts* (destino)/tv/radio/consulados/embajadas/oficinas turismo

SE DECIDE CUÁLES SERÁN LAS FUENTES DE INFORMACIÓN FINALES

SE TOMA LA DECISIÓN DE COMPRA

FAX

FAX PARA: **Viajes Club Tierra**
Nº: **+34 23 234 54 32**
A LA ATENCIÓN DE: **Sra. Mari Carmen Miquel**
Departamento Circuitos

DE: **Rosanna Zolli**
Turivacanze

Roma 3.12.96

Estimada Mari Carmen:

Tenemos un grupito de 14 clientes interesados en realizar un circuito por Andalucía del 14 al 21 de febrero próximo.

Se trata de gente mayor, de buen nivel cultural y económico, con mucha curiosidad por el arte y la cultura de vuestro país.

Les he ofrecido vuestro circuito "Descubriendo Andalucía" (*) y están encantados. Sin embargo, les gustaría añadir algún espectáculo, visita de alguna exposición de renombre o asistir a un concierto durante su estancia.

Te agradezco me hagas algunas propuestas en este sentido y me indiques el suplemento que deberíamos aplicar al precio del contrato.

Gracias por tu pronta respuesta.

Un saludo cordial,

Rosanna Zolli

(*) Recuerda el circuito "Descubriendo Andalucía" de la Unidad 7, parte 1

I a)

Toma nota de la petición de tu cliente. Elabora un fax de contestación, proponiéndole posibles actividades. Puedes basarte en la oferta cultural de la página 69.

I b)

Con los datos que te damos a continuación, elabora un fax solicitando los servicios siguientes:

✔ Reserva de hotel de 4 ✴✴✴✴ para 4 personas, del 2 al 10 de marzo.
✔ Dos habitaciones dobles en régimen de pensión completa.
✔ Los clientes quieren un coche de alquiler con recogida en el aeropuerto
   y entrega en el hotel Los Sauces.
✔ También les gustaría ir de excursión a Granada.

....
....
....
....

Observa: Recuerda las unidades 3 y 7 de la primera parte de este manual.
Es importante que sepas también que:
El número de personas se expresa siempre por la palabra PAX.
Como en otros idiomas, esta palabra es invariable:
una persona = 1 pax / dos personas = 2 pax / 125 personas = 125 pax
Otras abreviaturas importantes también son:

Aeropuerto = Apt	Gracias = Grcs
Reserva = Resa	Saludos = slds
Confirmar = Cfm	Télex = Tx

II a)

Observa el télex que te damos a continuación. ¿Lo entiendes? Cuéntale a un/a compañero/a el contenido de este télex.

```
77892
tx
Autosol E
78965

22.8.96
Buenos días aquí Turisol Torremolinos
Att. Ana Lara
Favor resa coche cat. A:
Clientes Da silva - 4 pax - 25.4-30.4.97
Entrega 25.4: AGP Apt – SBN 6543 - 10:30
Devolución 30.04.97: SVQ Apt - SBN 6544 - 21:45

Grcs cfm y slds
Lola García
```

Es un télex emitido por ....,
dirigido a .... en el que
.... (nombre de la persona
que emite el tx) le pide a ....
que ....
Los clientes .... a
las .... en ....
y ....

II b)

Elabora un télex en el que pides la reserva de un hotel para tres personas y un coche de alquiler con entrega en el aeropuerto y devolución en el hotel.

**Observa el fax que te damos a continuación. Es un fax de confirmación.
¿Eres capaz de redactar el fax de petición de reserva que Amelia Pérez envió a
J. M. Porteiro?**

VIAJES COSTAMAR, S.L.

CALLE EMILIO SÁNCHEZ AGUDO, 1 29620 TORREMOLINOS TEL.: 237 44 60 FAX 234 56 78

FAXFAXFAXFAX FAXFAXFAXFAX FAXFAXFAXFAX FAXFAXFAXFAX

DE:	**Juan Manuel Porteiro**
	Director Comercial
FAX:	**+34 5 234 56 78**
A:	**Sra. Amelia Pérez**
EMPRESA:	**Turisol**
FAX:	**93/345 90 00**
REFERENCIA:	**Confirmación grupo VOLVO 13.5-20.5.98**

MENSAJE

Estimada Amelia:

Como continuación a nuestra conversación telefónica de esta mañana, te confirmo los servicios para el grupo de referencia como sigue:

ALOJAMIENTO:
Grupo VOLVO - 125 PAX   60 TWB+5 SWB en MP
Del 13 al 20.5.98   Hotel Tritón 4 ****

TRASLADOS:
Día 13.5.98   2 autocares 58 plazas - llegada vuelo IB 233 a las 18:10'
Día 13.5.98   1 minibús 20 plazas - llegada vuelo HF 5435 a las 19:00
Día 20.5.98   3 autocares - salida del vuelo IB 222 a las 07:45'

EXCURSIONES Y CENAS:
Día 13.5:   Cocktail de bienvenida en el Hotel Tritón.
                Instalación y cena.
Día 16.5:   Excursión a Granada con almuerzo. Vino y café incluidos.
Día 18.5:   Excursión a Córdoba con almuerzo. Vino y café incluidos.
Día 19.5:   Cena de gala en el restaurante Mar de Alborán y espectáculo
                flamenco en el "Tablao Pepe López".
                Entrega del trofeo y distribución de regalos (cerámica típica)

Quedamos a tu disposición para la organización de cualquier otro evento que consideres de interés y, en espera de tus comentarios, me despido, con un cordial saludo,

Juan Manuel Porteiro
Director Comercial

III b)

Rellena el fax de reserva para el hotel como el modelo que te ponemos a continuación.

TE HAN ENVIADO LA RESERVA SIGUIENTE:

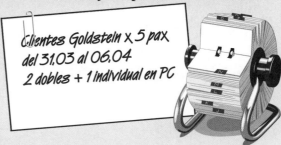

*Clientes Goldstein x 5 pax
del 31.03 al 06.04
2 dobles + 1 individual en PC*

III c)

Rellena la hoja de reserva para ti. Elige el tipo de habitación, el régimen y el número de personas que te acompañan.

VIAJES COSTAMAR, S.L.

CALLE EMILIO SÁNCHEZ AGUDO, 1 29620 TORREMOLINOS TEL.: 237 44 60 FAX 234 56 78

RESERVA

DE: ....

A: SILVIA VALDIVIA

T.O.: BBL TRAVEL

FECHA: **12.12.97**

HOTEL: LOS ARQUEROS

CLIENTES	SERVICIOS-RÉGIMEN	LLEGADA	SALIDA
1. Torres x 4	2 TWB - MP	15.01.98	30.01.98
2.			
3.			

COMENTARIOS

1. Los clientes desean habitaciones contiguas.

2. ....

3. ....

Rogamos confirmación al fax arriba mencionado, indicando fecha y sello del hotel.

Gracias y saludos.

FECHA Y SELLO DEL HOTEL

IV a)

Lee el texto que te proponemos a continuación. ¿Puedes deducir cuáles son las características propias de este hotel?
Elige un tipo de cliente al que recomendarías este establecimiento.

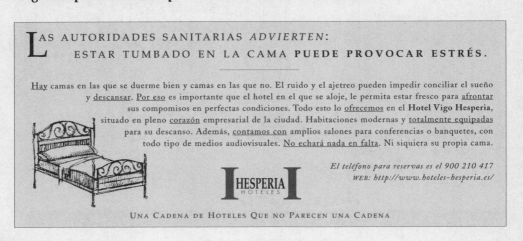

LAS AUTORIDADES SANITARIAS *ADVIERTEN*:
ESTAR TUMBADO EN LA CAMA **PUEDE PROVOCAR ESTRÉS.**

Hay camas en las que se duerme bien y camas en las que no. El ruido y el ajetreo pueden impedir conciliar el sueño y descansar. Por eso es importante que el hotel en el que se aloje, le permita estar fresco para afrontar sus compomisos en perfectas condiciones. Todo esto lo ofrecemos en el **Hotel Vigo Hesperia**, situado en pleno corazón empresarial de la ciudad. Habitaciones modernas y totalmente equipadas para su descanso. Además, contamos con amplios salones para conferencias o banquetes, con todo tipo de medios audiovisuales. No echará nada en falta. Ni siquiera su propia cama.

I HESPERIA I
H O T E L E S

El teléfono para reservas es el 900 210 417
WEB: http://www.hoteles-hesperia.es/

UNA CADENA DE HOTELES QUE NO PARECEN UNA CADENA

IV b)

Reescribe el texto sustituyendo las palabras subrayadas por otras equivalentes.

IV c)

¿Podrías tú también redactar una publicidad basándote en el modelo de la cadena Hesperia? Aquí te damos unas pistas.

Las autoridades .... advierten:
Estar .... en .... puede ....
Hay .... en .... que ....
y .... en .... que ....
.... y ....
pueden ....
para ...., lo ofrecemos
...., situado en ....
Habitaciones .... para ....
.... amplias zonas ajardinadas para
...., con ....
No ...., ni siquiera ....

Redacta una carta dirigida a un T.O. especialista en viajes de negocios y, basándote en las dos publicidades que te proponemos a continuación, "véndele" los hoteles.

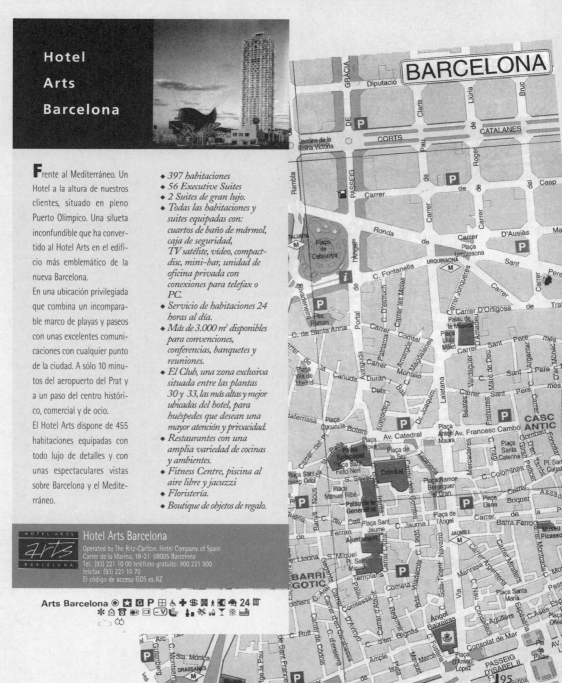

Hotel

Arts

Barcelona

Frente al Mediterráneo. Un Hotel a la altura de nuestros clientes, situado en pleno Puerto Olímpico. Una silueta inconfundible que ha convertido al Hotel Arts en el edificio más emblemático de la nueva Barcelona.

En una ubicación privilegiada que combina un incomparable marco de playas y paseos con unas excelentes comunicaciones con cualquier punto de la ciudad. A sólo 10 minutos del aeropuerto del Prat y a un paso del centro histórico, comercial y de ocio.

El Hotel Arts dispone de 455 habitaciones equipadas con todo lujo de detalles y con unas espectaculares vistas sobre Barcelona y el Mediterráneo.

- *397 habitaciones*
- *56 Executive Suites*
- *2 Suites de gran lujo.*
- *Todas las habitaciones y suites equipadas con: cuartos de baño de mármol, caja de seguridad, TV satélite, vídeo, compact-disc, mini-bar, unidad de oficina privada con conexiones para telefax o PC.*
- *Servicio de habitaciones 24 horas al día.*
- *Más de 3.000 m² disponibles para convenciones, conferencias, banquetes y reuniones.*
- *El Club, una zona exclusiva situada entre las plantas 30 y 33, las más altas y mejor ubicadas del hotel, para huéspedes que desean una mayor atención y privacidad.*
- *Restaurantes con una amplia variedad de cocinas y ambientes.*
- *Fitness Centre, piscina al aire libre y jacuzzi*
- *Floristería.*
- *Boutique de objetos de regalo.*

Hotel Arts Barcelona
Operated by The Ritz-Carlton. Hotel Company of Spain
Carrer de la Marina, 19-21 08005 Barcelona
Tel.: (93) 221 10 00 teléfono gratuito: 900 221 900
telefax: (93) 221 10 70
El código de acceso GDS es RZ

Arts Barcelona ◉ ★ G P ⊞ & ✚ $ ⊠ ⋏ ◙ ☎ 24 ⊞
✳ ⌂ ☎ ▣ ☐ ─V ⌣ ⏛ ⋉ ✱ ⊞ Y ⊞
⌒⌒ ∞

VI a)

Completa con la forma verbal adecuada los espacios en blanco:

Estimados amigos:

Les (rogar, nosotros) .... (enviarnos) .... lo antes posible la información que (solicitar, nosotros) .... en nuestro fax de la semana pasada.

Ya que (tener, nosotros) .... que haber enviado nuestra oferta a nuestros clientes hace unos días, les (pedir, nosotros) .... que no (demorarse, ustedes) .... en contestar.

Por otra parte, (agradecer, nosotros) .... nos (remitir, ustedes) .... sus precios para la temporada próxima.

Sin más, (aprovechar, nosotros) .... para saludarles atentamente.

VI b)

Completa con la forma verbal adecuada. Fíjate en los tiempos usados para sugerir/recomendar y en el usado para afirmar algo.

Para preparar su viaje:

(Leer, usted)................. primero atentamente la sección "Descubrir" de esta guía. Ello le (permitir a usted) .... conocer las características generales del país.

(Consultar, usted) .... el mapa de las "curiosidades" y los mapas de los itinerarios propuestos. Así, (poder, usted) .... transformar un desplazamiento trivial en un atractivo viaje combinado, tanto si (tratarse) .... de recorrer el conjunto del país o simplemente de llegar hasta la región que (elegir, usted) .... para sus vacaciones. Si (tener prisa, usted) ...., (limitarse, usted) .... a las principales curiosidades, al conjunto monumental al que la ciudad (deber) ....su interés turístico. Si (tener, usted) ....más tiempo, (escoger, usted) .... según su gusto y no (olvidarse, usted) .... de probar las especialidades gastronómicas de cada región, (aprender, usted) .... más de la cultura del país que en cualquier museo.

Nuestra guía (estar pensada) .... para enriquecer las vacaciones o los momentos de ocio más hermosos. Para que su viaje (ser) .... aún más ameno, le (aconsejar, nosotros) .... que (utilizar, usted) .... también nuestra guía de hoteles y restaurantes. En nuestros mapas de carretera (encontrar, usted) .... toda la información necesaria sobre los mejores itinerarios que seguir y las mejores paradas en carretera, donde (poder, usted) .... descansar y degustar la mejor cocina regional.

VI c)

Usa uno de los verbos que te damos a continuación para dar sentido al texto:

COGER

ACOGER

ESCOGER

ENCOGER

RECOGER

SOBRECOGER

Gracias por .... nuestra compañía. El catálogo que le entregamos en el momento de la reserva .... toda la información necesaria para que sus vacaciones sean un éxito. Nuestro personal en el aeropuerto le .... en el mostrador de "Viajes Éxito".

Nos encargamos de todas sus necesidades durante sus vacaciones y le ofrecemos un seguro a todo riesgo que entra en vigor desde que usted .... el avión hasta que vuelve a su casa.

Este seguro incluye grandes y pequeñas desgracias: desde gastos de hospitalización hasta reembolso del valor de una prenda si ésta .... al ser lavada por el servicio de lavandería del hotel.

"Viajes Éxito" ha .... para usted los lugares más atractivos, donde le .... la belleza de sus parajes, de sus pueblos, la dulzura de su clima y la acogida de su gente.

LA RELACIÓN ENTRE EL HOTEL Y EL T.O.

■ Tanto si trabajas en el departamento comercial de un hotel como si estás en una agencia de viajes, te enfrentarás con el concepto de contrato de colaboración.

En efecto, las relaciones comerciales se suelen establecer a través de un acuerdo escrito, en el que se recogen las normas que determinarán las condiciones de trabajo.

Hay que distinguir dos tipos de contratos:

A Agencia local

B T.O.

A
AGENCIA LOCAL - HOTEL

La función principal de una agencia local –elegida por uno o varios TT.OO.–, es la de representar a éstos en un país o una región determinada. Por tanto, entre sus obligaciones está la negociación de precios con los proveedores: hoteles, transportistas, servicios de guías, restauración, además de ser responsable de la buena marcha de las vacaciones, una vez llegados los clientes.

Para llevar a buen término esta delicada colaboración, es preciso tomar todas las medidas necesarias para evitar cualquier desagradable sorpresa, pérdida de dinero y reputación, y para asegurarse el futuro.

La agencia local contacta con varios proveedores y se decide por alguno, después de comparar precios, servicios, calidad.

Una buena agencia es capaz de negociar buenos precios, ofertas especiales para temporada baja, oferta especiales para un T.O. en concreto y, sobre todo, CONOCE el producto que vende. Esto supone que se visiten los hoteles, que se conozca a sus directores comerciales, que se asista a eventos turísticos importantes, etc.

Una buena relación personal agiliza muchas veces las cosas, y en caso de situación conflictiva, ayuda a que la solución aportada lo sea en beneficio de los clientes de una agencia antes que de otra. Pensemos que en una región concreta, hay un número determinado de hoteles y un gran número de agencias que acudirán a los mismos hoteles. De ahí la importancia de llegar a acuerdos o **contratos**.

Estos contratos recogen:

→ *El nombre, dirección, teléfono, fax, télex y los datos fiscales de la agencia de viajes.*

→ *El nombre de la persona autorizada para firmar dicho contrato (director o director comercial).*

→ *El nombre y la nacionalidad del T.O. en cuyo nombre se firma el contrato.*

→ *La temporada durante la cual este contrato tiene validez, y el detalle de las fechas, si es oportuno.*

→ *El número de habitaciones que el hotel reserva para un T.O. o una agencia determinada, en esta temporada (cupo).*

→ *Los precios por TWB, SWB o suite así como el régimen de comidas (FB, HB, BB).*

→ *Los suplementos y/o reducciones eventuales por niño, SWB, 3º pax en TWB, cenas o almuerzos especiales (cena de gala de Nochevieja del 31 de diciembre, por ejemplo, etc.).*

→ *Las ofertas especiales eventuales (recién casados, tercera edad, aniversarios...).*

Este contrato se firma entre el hotel y la agencia, en representación de los TT.OO., con los que ésta trabaja.

Sirve de garantía para la agencia y los TT.OO. quienes se aseguran un número determinado de plazas en este hotel, durante la temporada en curso.

*En cuanto a los demás proveedores, la agencia local recibe de cada uno de ellos una **oferta de precios o tarifa confidencial**, válidos durante un año.*

Estos precios se revisan en función de la facturación.

*Por lo que se refiere a los servicios de guías, por ejemplo, existen asociaciones de guías profesionales, también llamados **informadores turísticos**.*

Éstas establecen precios oficiales por cada tipo de prestación solicitada.

Acudir a estas asociaciones nos garantiza servicios de calidad.

La legislación española está estudiando la obligación de contratar los servicios de estos profesionales para cualquier desplazamiento de grupos de turistas (guías correo) además de los guías locales (de cada ciudad visitada) para la entrada a los monumentos de interés cultural.

B
AGENCIA - T.O.

Una vez en poder de toda esta información, la agencia local procede a la elaboración del **contrato de colaboración**. Este contrato, a su vez, recoge :

■ Los precios y ofertas de los distintos hoteles
■ Los precios de los traslados (transporte desde el aeropuerto hasta el hotel, para grupos o clientes individuales).
■ Los precios y condiciones de alquiler de coches.
■ Los precios de las excursiones.
■ Los programas especiales (circuitos, estancia fin de semana, …).
■ Las condiciones de pago.
■ La responsabilidad de la agencia en caso de litigio, las normas de reclamación hotelera, etcétera.

Está claro que la agencia de viajes aplica un margen de beneficio sobre los precios de coste que le remiten sus proveedores.

Sin embargo, por lo que se refiere a los precios del alojamiento, la agencia transmite los precios negociados con los hoteles directamente a su representada.

En cambio, cobrará a ésta un **Handling Fee** (cantidad de dinero que se cobra a un T.O., por pax llegado, en concepto de gastos de manipulación de expediente). Este H.F. suele cubrir gastos de teléfono, fax, fotocopias, etc., propios de la buena organización de un *dossier*.

C

Y SI SURGEN PROBLEMAS...

En algunos casos, por ejemplo, aunque exista un contrato de cupos entre los TT.OO. y el hotel (recuerda: cupo = número de habitaciones reservadas para un T.O. concreto, cada día, durante una temporada determinada), éste "vende" a un solo cliente, un número de habitaciones superior a las que este cliente tiene contratadas, "robándoselas" a otros TT.OO., cuya ocupación se prevé inferior al cupo reservado.

El procedimiento, en buenas formas, debe ser el siguiente :

El hotel informa al representante local del T.O., o bien a éste directamente, del próximo cierre de ventas (*stop sale*) para días concretos y le pide a su cliente que le informe del estado actual de las ventas para dichas fechas. Si en un plazo de 24 horas el cliente no contesta, se suele considerar que éste está de acuerdo en "prestar" sus habitaciones para las fechas solicitadas.

De la misma manera y por razones de seguridad económica, los hoteles suelen vender las mismas habitaciones a distintos TT.OO., especulando sobre la ocupación real de cada uno. Esta política asegura al hotel una ocupación media durante todo el año.

El problema surge en temporada alta, cuando la respuesta de todos los TT.OO. es muy alta y cada uno llena el cupo establecido.

El hotel, al tener más clientes que habitaciones disponibles, se encuentra entonces en situación de *overbooking*. Esta situación, aunque muy corriente en el mundo del turismo, es ilegal y como tal está recogida en la legislación.

La ley obliga al hotelero a realojar a sus clientes en otro establecimiento de la misma zona, de la misma categoría y de similares instalaciones. De no encontrar ningún hotel de igual categoría, los clientes serían realojados en uno de categoría superior, a ser posible, en la misma zona.

Éste es, quizás, uno de los momentos más delicados de la relación entre los hoteleros y las agencias de viajes, sobre todo en los meses de julio y agosto y en fechas como la Semana Santa o las Navidades.

D

A la hora de promocionar un hotel, tienes que tener en cuenta la información anterior.

Un T.O. te pedirá, en general, que le envíes :

- La ficha técnica del hotel
- Folletos publicitarios del mismo
- Diapositivas o fotos del establecimiento
- Posibles ofertas de última hora que no estuvieran recogidas en el contrato

Conviene recordar que la ficha técnica de un hotel y su folleto publicitario son dos conceptos distintos.

LA FICHA TÉCNICA

La ficha técnica es un informe técnico sobre las instalaciones del hotel, elaborado por especialistas, que recoge toda la información de interés para un profesional de la venta: va desde el número de habitaciones y su superficie, a las dimensiones de la piscina, pasando por la descripción de los salones sociales o de las salas de conferencias con su respectivo material.

Le permitirá elaborar su propio *dossier* de venta, para revenderlo a las agencias minoristas.

Te pedirá el máximo de detalles sobre tu establecimiento: no te olvides de mencionar si existen facilidades para minusválidos, actividades para los niños o si el hotel admite perros de cualquier tamaño. (Te sorprenderá saber que en España la mayoría de los hoteles NO aceptan perros. Los que sí lo hacen son pocos y dentro de esta categoría se suelen admitir animales de ¡2 kilos! como máximo).

FOLLETOS PUBLICITARIOS

El folleto publicitario, que todos conocemos, es el que recoge las características principales del establecimiento: tipo de construcción, comodidades, instalaciones deportivas, etc.

Suele ser conciso, en distintos idiomas, y con numerosas fotografías.

Este folleto se imprime en cuatricromía y se cuida al máximo la imagen de calidad que transmite.

El T.O., además de revender su producto a las agencias minoristas, suele funcionar como agencia.

Eso quiere decir que está habilitado para la venta directa al cliente individual, quien además de precios más baratos, encontrará también ventajas a la hora de reservar el transporte.

Es importante, por lo tanto, que pueda enseñar tanto el establecimiento como sus características más destacadas.

Este "informe" para el cliente suele ir acompañado de:

DIAPOSITIVAS/FOTOS

Tanto para la venta a la agencia minorista como para la venta directa al particular, es imprescindible que el T.O. disponga de material gráfico de calidad. Dado que el T.O. edita su propio catálogo de ventas, destinado a la distribución, éste pide en general que se le envíen diapositivas de las instalaciones exteriores e interiores de los establecimientos recogidos en contrato.

POSIBLES OFERTAS ESPECIALES

Se trata en general de una promoción especial en fechas determinadas –habitualmente en temporada baja– que puede suponer hasta un 20% de descuento sobre los precios de contrato.

La popularización de los sistemas informáticos (CD-ROM) y las vías rápidas de comunicación (Infovía, Internet…) tienden a invadir el mundo turístico. Muchos hoteles están ya en Internet y ofrecen toda clase de información, tanto publicitaria como técnica, a través de la red. Algunos mercados europeos, sin embargo, son todavía reacios a trabajar de esta manera y prefieren el contacto personal y el material tradicional.

Te presentamos a continuación la ficha técnica de un hotel. Tienes que hablar de él a un posible cliente. Basándote en la información que te damos, redacta una carta describiéndoselo.

Estos verbos te ayudarán:

PARA SITUAR: Situar(se), ubicar(se), estar, hallarse, encontrarse, etc...

PARA DEFINIR/DESCRIBIR: Ser, tratarse de...

PARA INFORMAR DE LAS INSTALACIONES: Disponer de, tener, ofrecer, facilitar, estar a disposición.

HOTEL LAS PALMERAS

Paseo Marítimo
Isla de Santa Lucía
Tel.: 885 25 62
Fax: 88 52 63-6

SITUACIÓN:

En primera línea. Playas de arena blanca y fina. Acceso directo. Vistas al mar y al puerto. A 2 km. del centro comercial y a 500 mts. del Puerto Deportivo. Parada de autobús frente al hotel. Autobús cada 15 minutos.

DESCRIPCIÓN:

Hotel moderno construido en 1990.
Construcción en forma de U. Habitaciones repartidas en 4 plantas, todas con terraza y vista al mar. Las de la planta baja (de tipo familiar) disponen de un pequeño jardín privado de +/- 30 m². Exótico *Beach Club* con:
1 piscina de agua salada
1 piscina de agua dulce
1 piscina de agua dulce para niños de 2-10 años.
Tumbona y parasol gratis.

INSTALACIONES:

Aire acondicionado en todo el hotel, con regulación individual en cada habitación.
Nº de habitaciones: 224
Tipo A: TWB: 100 (12-14 m²)
Tipo B: SWB: 45 (10 m²)
Tipo C: Junior Suite: 24 (20 m²)
Tipo D: Suite: 16 (35 m²)
Tipo E: Suite de luxe: 8 (75 m²)
Tipo F: Familiar: 30 (20 m²)

Cada habitación dispone de T.V. con satélite y canal de vídeo, teléfono, y minibar. 78 de las habitaciones están situadas en zona NO fumador.

- Piano-Bar, Cafetería 24/24, sala de fiestas para 600 personas, discoteca.
- Salón de juegos, sala de televisión, salón de lectura.
- Restaurante 3*** con salones privados.
- Boutiques, peluquería, médico 24/24.
- Servicio de secretaría, mensajería, fax, traducciones.
- Cambio de divisas, buzón de correos.
- *Baby-sitter*, mini club, guardería.

Salas de conferencia: 4.
Sala Goya: capacidad 200 pax.
Sala Velázquez: capacidad 125 pax, ampliable a 175.
Sala Murillo: capacidad 50 pax.
Salas Picasso y Dalí: 2 x 25 pax.

Todas equipadas con megafonía, proyector de diapositivas, retroproyector, pizarra. La sala Goya y la sala Velázquez están equipadas para traducción simultánea (2 cabinas).

ZONAS EXTERIORES:
6.000 m² de jardines tropicales y subtropicales con más de 25 especies de árboles.
Zona de barbacoa y restaurante al aire libre.
Área de juegos para niños.
Pistas de tenis (4), *paddle-tenis* (1).
Green de práctica para golfistas.
Petanca, tiro con arco, tiro con carabina.
Pista de *jogging*.

**¿Qué opinas del folleto publicitario de este establecimiento?
Imagina tu hotel e intenta, tú también, elaborar un folleto atractivo.**

Refugio de Juanar

SIERRA BLANCA
Teléfonos 88 10 00 - 1
OJEN (Málaga)

"Disfrute del aire puro de las montañas, y todo lo que regala la naturaleza".

A sólo media hora de Marbella, pero en un mundo tan diferente:

Tranquilidad, aire purísimo, bosques de pinos, animales salvajes, flores y especies silvestres, ahí está el Refugio de Juanar.

Para que pueda estar unos días y conocer éste ambiente, hemos puesto unos precios muy favorables, que incluyen el uso de la piscina y de la pista de tenis. Además, contamos con habitaciones confortables con calefacción central, minibar, teléfono y servicio de habitaciones, algunas con chimenea privada.

Alrededor del refugio puede realizar paseos en el bosque de pinos, donde las escasas cabras monteses pastan, o disfrutar de la vista de Marbella y el mar desde el mirador a una altitud de 1.000 m. sobre el nivel del mar.

Por las noches, después de una comida típica del refugio ponemos a su disposición TV, vía satélite, o puede tomar su café o licor al lado de la chimenea en el salón.

Véngase al campo, es bueno para su salud y la de su familia.

PRECIOS 98

	BAJA	ALTA
SUITE DOBLE CON BAÑO Y CHIMENEA	9.800	10.300
SUITE CON SALÓN	14.200	15.300
HABITACIÓN CUÁDRUPLE	12.500	13.400
HABITACIÓN DOBLE CON BAÑO	7.500	8.200
HABITACIÓN INDIVIDUAL CON BAÑO	6.100	6.600
APARTAMENTO CON 6 PERSONAS	22.400	24.800
CAMA SUPLETORIA	2.500	2.500
DESAYUNO CONTINENTAL	750	750
ALMUERZO O CENA	2.550	2.550
PENSIÓN ALIMENTICIA, 1 PERSONA	4.950	4.950
PENSIÓN COMPLETA, 1 PERSONA	8.700	9.900

NOTAS:

1 Para estancia superior a 3 días o grupos, existen condiciones especiales, consúltenos.
(Excepto Temporada Alta y Fines de Semana.)

2 Se aceptan las tarjetas de crédito de mayor difusión.

3 Esta tarifa podrá modificarse sin previo aviso.

NO SE ADMITEN PERROS

7% I.V.A. NO INCLUIDO

TEMPORADA ALTA: 25/03 al 04/04
15/07 al 15/09
16/12 al 06/01

TEMPORADA BAJA: 07/01 al 24/03
05/04 al 14/07
16/09 al 15/12

III a)

Lee el fax siguiente y, a continuación, redacta:
1. Un fax en el que informas a tus agencias-clientes del cierre de ventas.
2. Un fax de contestación al hotel en el que informas de la reserva de 2 TWB para la noche del 14 al 15/7.

Hotel El Refugio
Camino de las Mestas
Badajoz
Fax: 21 14 51

De:	Alonso Martín
A:	Pilar García
	Viajes Nevada
Fecha:	08.06.1997

Ref: Cierre de ventas

Estimada Pilar:

Rogamos avises a todas tus representadas del próximo cierre de ventas de los días 13, 14, 15 y 18 de julio'97.
Necesitaríamos que nos envíes el estado actual de ventas para estos días a fin de poder dar prioridad a estas reservas. En el caso de no tener noticias tuyas antes del 10.6 a las 14 horas, procederemos a dicho cierre de ventas.

Te agradezco tu colaboración y quedo a la espera de tu contestación.

Un saludo cordial,

Alonso Martín

III b)

Eres el jefe/a de recepción de tu hotel. Se acerca un mes de agosto muy bueno y la respuesta de tus agencias colaboradoras es superior a otros años. Unas te han enviado clientes durante todo el año y otras, menos fuertes, sólo te envían clientes en fechas conflictivas, pero son muy numerosos. No puedes alojarlos a todos en tu hotel.

Piensa: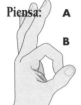

A ¿Cuál es el criterio a la hora de distribuir tus habitaciones? ¿Sabrías decir por qué?

B Habla de tu postura con un compañero/a que tenga otro punto de vista. Si llegáis a un punto de vista común, intentad, entre los dos o en pequeño grupo, elaborar un fax que mandaréis a una agencia, explicándole que no podéis recibir a los clientes, por *overbooking* y ofrecedle una alternativa, describiéndoles las ventajas que supondría para sus clientes.

PUEDEN AYUDARTE LAS SIGUIENTES IDEAS. ELIGE UNAS CUANTAS Y REDACTA TU CARTA:
Piensa que este es un momento muy delicado y procura que el tono de tu carta sea convincente y muy, muy amable.
☞ Los clientes se alojarán en pensión completa por el precio de media pensión.
☞ El hotel al que se desvían los clientes es de categoría superior al tuyo, aunque no esté en primera línea de playa.
☞ La dirección de tu hotel ofrece tres días de coche gratis, como compensación.
☞ La dirección propone dos excursiones con almuerzo incluído.
☞ Aunque el hotel de sustitución es de categoría inferior, es mucho más moderno.

IV)

Observa atentamente las informaciones que tienes y las que no tienes.

SÓLO VUELO 78.500 Ptas. IDA Y VUELTA

LOS MEJORES PRECIOS

SUPLEMENTO ASIENTOS 1ª CLASE EN LOS VUELOS *AIR PLUS COMET*: 15.000 Ptas. Precios por persona en habitación doble y régimen elegido, plazas limitadas, tasas aeropuerto no incluidas, precios válidos para reservas realizadas desde el 14 de octubre. Suplementos salidas desde: BARCELONA (EXCEPTO DESTINO CUBA: 5.000 PTAS.), BILBAO Y SANTIAGO: 10.000 PTAS., MÁLAGA Y PALMA DE MALLORCA: 12.000 PTAS.
NO INCLUYE SUPLEMENTO SUBIDA DEL DOLAR: 5.000 PTAS.

OCTUBRE 26

CUBA
VARADERO

APTOS. MAR DEL SUR***	OCUP. 4 PAX	Alojamiento **87.500**
	OCUP. 2 PAX	Alojamiento **89.500**
BUNGALOWS CUATRO PALMAS*** SUP		Alojamiento **99.500**
TUXPAN/BELLACOSTA****		Alojamiento **109.500**
SOL PALMERAS**** SEMILUJO		Aloj. y desayuno .. **99.500**
MELIA VARADERO*****		Aloj. y desayuno .. **127.500**

VARADERO+LA HABANA (5+4 NOCHES)

MAR DEL SUR***+VILLAS PANAMERICANAS***	S.A. / S.A. **94.500**
BUNGALOWS CUATRO PALMAS****+CAPRI***	S.A. / S.A. **107.500**
SOL PALMERAS****SEMILUJO+TRYP HABANA LIBRE****	A.D. / A.D. **123.500**

MÉXICO
CANCÚN+PUERTO AVENTURAS (3+5 NOCHES)

CANCÚN PLAYA OASIS****+OASIS PUERTO AVENTURA****	S.A. / T.I. **145.500**
OASIS CANCÚN*****+OASIS AKUMAL*****	S.A. / T.I. **148.500**

CIRCUITOS MUNDO MAYA

CANCÚN PLAYA+CIRCUITO HOTELES****	.... **159.500**
OASIS CANCÚN+CIRCUITO HOTELES*****	.... **169.500**

CONDICIONES GENERALES, ITINERARIO Y DESCRIPCIÓN HOTELES SEGÚN FOLLETO CARIBE - VERANO 98

IV a)

Has recibido esta oferta de viajes a Cuba o a México. Observa los datos que contiene y responde:
a) ¿Entiendes lo que te proponen?

....

b) Los apartamentos Mar del Sur cuestan:
   a. 87.500 pts. por persona.
   b. 87.500 pts. por cuatro personas.

c) El Sol Palmeras es un hotel o un complejo de apartamentos. ¿Cómo lo sabes?

....

d) El precio que aparece en un anuncio, ¿es el precio que costará realmente el viaje? ¿Qué es lo que no está incluido?

....

V)

Se te ha olvidado avisar al T.O. del próximo cierre de ventas en tu hotel y recibes una reserva de 3 TWB para las fechas conflictivas.
No te queda ni una sola habitación libre y no sabes muy bien cómo resolver este problema. El T.O. tiene todas las habitaciones de cupo, así que realmente estás metido/a en un problema.

A Escribe un fax al T.O. explicándole que sus clientes no podrán estar en tu hotel y que les has buscado una alternativa.
➜ *Piensa que los motivos que das deben ser creíbles y no puedes mencionar el cierre de ventas en ningún caso, ya que el error lo has cometido tú.*

B Échale imaginación al asunto y redacta tu fax. Fíjate bien en la parte dedicada a los nexos: Apéndice 2, pág. 174. Puedes, si no se te ocurre nada, inspirarte en estas ideas:
➜ *Ha habido una avería en el circuito de aire acondicionado y dos habitaciones han quedado inservibles.*
➜ *Se han pintado todas las habitaciones de esta planta y el olor de pintura es tan fuerte que podría molestar a tus clientes.*
➜ *El último temporal ha sido terrible y se han roto los cristales de varias habitaciones.*
Seguro que tú tienes mejores ideas…

LO QUE ESPERAN DE TI TUS CLIENTES

Si trabajas en una agencia de viajes o en el departamento comercial de algún hotel, es muy probable que tengas que elaborar también algunos programas especiales para grupos concretos: viaje de empresa, de alguna asociación de la tercera edad, de jóvenes estudiantes…

Es importante que recuerdes a qué tipo de clientes te estás dirigiendo. Saber algo de sus centros de interés, su edad y… su salud, te ayudará a confeccionar el programa que mejor se adapte a sus esperanzas.

Sería absurdo organizar una excursión a algún pueblo de montaña en pleno mes de agosto para un grupo de jubilados, ¿no crees?

¿Qué tipo de viaje te piden? (Estancia/circuito cultural/viaje lingüístico/Competición deportiva/ organización de congreso…)

¿A quién va dirigido? (Cómo son los clientes/cuáles son sus intereses.)

¿Dónde quieren alojarse/ir de excursión/comer…?

¿Cuándo piensan realizar el viaje? (Ten en cuenta que en temporada baja, en fechas distintas de las habituales de verano, Navidades, Semana Santa y puentes, los precios son mejores.)

¿Por qué (han elegido tu agencia/tu hotel…)?

Éstas son las preguntas que te conviene hacerte.

Una vez aclarado todo esto, pregúntate: **¿Cómo?**

Al llegar a este punto, el presupuesto del grupo es el que determinará las distintas actividades de tu programa.

RECUERDA QUE TU OFERTA NO SERÁ VÁLIDA SI NO INCLUYES:

→ El tipo de alojamiento con su correspondiente categoría y el régimen de comidas que incluye el precio.

→ El programa de actividades que se prevé realizar, especificando si se incluyen los servicios de guía, entradas a los monumentos, comidas especiales, etc.

→ Los suplementos eventuales (SWB en lugar de TWB, cama extra, comida extra, excursiones complementarias, etc.)

→ Para los países de la U.E., el tipo de IVA (Impuesto sobre el Valor Añadido) que se aplica a este producto, indicando si está o no incluido en el precio final).

I a)

Has recibido la petición de cotización de grupo que te damos a continuación. Escribe la información que le corresponde a cada pregunta.

Travel Club
Brussels
Rue du Relais, 5
1050 Bruxelles
Belgique
Tel. 02/648 46 47

De: Louis Vandenborre
      Director
A: Sr. Cándido Aranda
      Sra. Julia Torres
      Dirección Comercial
      Hoteles Gavilán
Fax: +34.23.221.14.15
Fecha: 12.10.97

Estimados señores:

Un colaborador nuestro nos ha facilitado su programa para el invierno 97/98 y nos interesaría conocer su oferta para un grupo de 25 personas que tenemos pendiente de confirmación, para principios de ferero'98 (12 días).

Se trata de la Asociación de Maestros Jubilados de nuestra región. Esta asociación es muy activa y poseen un alto nivel cultural.

Están interesados en realizar un circuito cultural que incluya Madrid, Toledo, Ávila, Segovia y Salamanca.

Estos clientes se alojarían en hoteles de 4 estrellas, de su cadena, en media pensión, aunque el circuito deberá cotizarse en pensión completa (3 comidas diarias). Una de las comidas deberá efectuarse en restaurantes típicos de cada ciudad. Les agradeceríamos nos remitan su oferta a la mayor brevedad y, en espera de una provechosa colaboración, nos despedimos,

Con un saludo cordial,
Louis Vandenborre
Director

¿QUÉ? ....
....
....
....

¿QUIÉN? ....
....
....
....

¿DÓNDE? ....
....
....
....

¿CUÁNDO? ....
....
....
....

¿POR QUÉ? ....
....
....
....

II b)

Busca en el texto las siguientes ideas:

Rapidez en la respuesta   *Esperar el acuerdo de la agencia*
Llevar a cabo un viaje cultural   *Esperanza de continuar trabajando juntos*
Calcular el precio   *Realizar algo*

II c)

Trabajas en el departamento comercial de Hoteles Gavilán. El/la director/a comercial no está en este momento. Tienes que dejarle una nota en la mesa.
Completa la nota que te damos a continuación.

Esta mañana (recibir, nosotros) .... un fax de ....
Esta agencia nos conoce a través de ....
El Sr. Vandenborre (pedirnos) .... que (cotizar, nosotros) ....
.... para .... de ....
.... que (desear) .... a
principios de .... por (duración) ....
(Tratarse) de .... y
alojarse .... (desear) en .... pero ....
También (rogarnos) que .... lo antes posible, para
que (poder, ellos) .... tomar una decisión.

III a)

Observa cuidadosamente la oferta de lanzamiento que te proponemos a continuación
¿Te parece atractiva? ¿Te parece suficiente? ¿Crees que le falta algo?

III b)

Rellena los espacios en blanco con la preposición adecuada. Si tienes alguna duda, puedes consultar el Apéndice 2, pág. 177.

III c)

Con un/a compañero/a intenta elaborar un programa parecido para pasar un fin de semana en tu ciudad/región.
Si no hay montañas, bosques, playas…, a lo mejor puedes ofrecer museos, parque de atracciones, ópera…

CÓRDOBA con encanto

III d)

Completa con las preposiciones adecuadas.

1º DÍA

Llegada .... Córdoba. Cena y aloja-miento .... el hotel.
Entrega .... una documentación com-pleta .... entradas .... los distintos monumentos ..... la ciudad.

2º DÍA

Mañana: Visita .... la ciudad

1. Mezquita Catedral:

Uno .... los más prestigiosos vestigios .... la civilización musulmana .... España. Sus más .... 24.000 m²

albergan entre sus arcos y sus columnas la historia .... el Islam .... Europa. La entrada .... la Mezquita está incluida .... el precio.

2. Paseo .... el Barrio Judío:

Les proponemos pasear .... el Zoco, ... el que podrán visitar distintos talleres .... artesanía, ... dejar .... admirar sus numerosas callecitas ador-nadas .... flores.

3. El Palacio de Viana:

Sus orígenes se remontan .... el siglo XIV. Fue habitado .... interrupción .... numerosas familias .... la aristocracia local .... 1980.
Se le conoce internacionalmente ...... sus patios llenos .... flores, lo que le ha vali-do el nombre .... " Museo de los Patios"
La entrada .... el Palacio de Viana está incluida .... el precio.

4. Visita .... la "Bodega Campos" fundada 1908:

Es un interesante conjunto .... casas antiguas y patios típicos, ... el interior de los cuales observarán numerosas filas .... barriles .... roble, firmados ...... visitantes ilustres así como una amplia colección de carteles taurinos. No hay mejor marco que éste .... degustar los vinos ...... la casa. La entrada ..... las bode-gas y dos vasos .... vino están inclui-dos .... el precio. Almuerzo libre.
Les recomendamos la Taberna El Pisto, ... más .... 100 años de edad, cono-cida .... la variedad .... sus tapas.

PRECIOS

Abril - Mayo - Junio
Todo incluido 20.000 pts.
Suplemento SWB 2.500 pts.
Julio - Agosto- Septiembre - Octubre
Todo incluido 18.000 pts.
Suplemento SWB 2.500 pts.

No incluye alquiler de coche

Precio ☐ pax, IVA incluido.

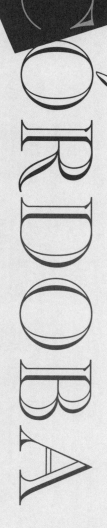

Tarde

Opción 1:
Senderismo .... Sierra Morena. Se trata ..... un paseo ..... 2 horas, a partir del hotel.

Opción 2:
Prolongación del programa ..... visitas
Medina Al-Zahra: Conjunto arqueológico .... los vestigios de la villa construida .... Abderrahmán III .... 936, que fue la mayor ciudad .... el mundo ...... el siglo X.
Ermitas: Las pequeñas ermitas, construidas .... ermitaños a partir del siglo XV .... el llamado Monte de la Cárcel, dominan el maravilloso paisaje ...... Córdoba.

DÍA 3

Opción 1:
Ruta .... caballo .... Sierra Morena (duración aproximada 4 horas).
Almuerzo libre .... el restaurante .... el Cortijo (almuerzo no incluido).

Opción 2:
Golf .... el Club de los Villares (incluido).
Almuerzo libre .... el restaurante .... el Club de los Villares (no incluido).

Opción 3 :
Excursión .... la Cordillera Subbética (día entero). Esta excursión se puede realizar ...... coche. .... grupos, la excursión se realizará ...... mini-bus a partir del hotel.
Zuheros: Visita ..... el pueblo más típico .... esta región, ... arquitectura popular y al antiguo castillo árabe.
La Cueva del los Murciélagos: (Abierta ..... el público .... 1991), ... la que se accede .... una carretera .... montaña.
Doña Mencía: Visita .... la maravillosa "Bodega Lama" ...... más ..... 200 años, donde se les presentará el proceso .... fabricación y tendrán la posibilidad ..... degustar los vinos.
Cabra: Almuerzo .... el restaurante "Vizconde": degustación .... platos típicos (no incluido).
Visita ..... el Santuario de la Virgen de la Sierra, situado .... 1.217 m. .... altura. El Templo, ... origen medieval, forma un espléndido balcón .... la Sierra y, si el tiempo lo permite, la vista alcanza .... Sierra Nevada.

IV a)

Observa atentamente las páginas siguientes: son las normas y reglas que debe cumplir un viaje organizado.

IV b)

Después de leer las normas, compara con el texto que te damos a continuación.
Si pones mucha atención, encontrarás siete errores.
¿Eres capaz de hallarlos todos?

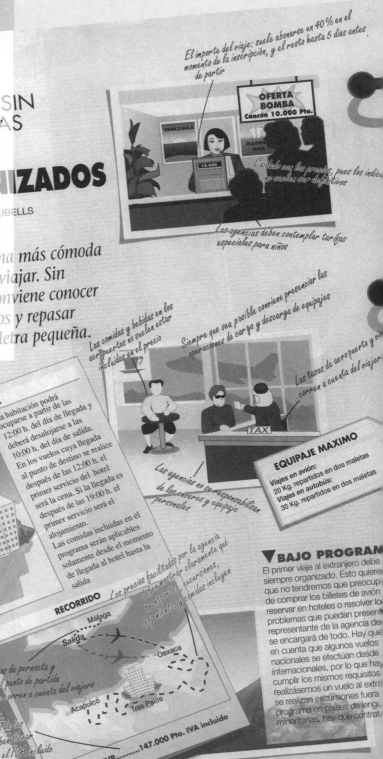

TURISMO SIN FRONTERAS

VIAJES ORGANIZADOS
JUAN MARTÍNEZ-CUBELLS

Es la forma más cómoda y segura de viajar. Sin embargo, conviene conocer ciertos trucos y repasar a fondo la letra pequeña.

El importe del viaje: suele abonarse un 40% en el momento de la inscripción, y el resto hasta 5 días antes de partir

OFERTA BOMBA
Cancún 10.000 Pta.

VENEZUELA

Cuidado con los precios, pues los indic... no suelen ser definitivos

Las agencias deben contemplar tarifas especiales para niños

Las comidas y bebidas en los aeropuertos no suelen estar incluidas en el precio

Siempre que sea posible conviene presenciar las operaciones de carga y descarga de equipajes

Las tasas de aeropuerto y vi... corren a cuenta del viajero

HOTEL
La habitación podrá ocuparse a partir de las 12:00 h. del día de llegada y deberá desalojarse a las 10:00 h. del día de salida.
En los vuelos cuya llegada al punto de destino se realice después de las 12:00 h. el primer servicio del hotel será la cena. Si la llegada es después de las 19:00 h. el primer servicio será el alojamiento.
Las comidas incluidas en el programa serán aplicables solamente desde el momento de llegada al hotel hasta la salida

Las agencias no se responsabilizan de los enseres y equipaje personales

EQUIPAJE MAXIMO
Viajes en avión:
20 Kg. repartidos en dos maletas
Viajes en autobús:
30 Kg. repartidos en dos maletas

Los precios facilitados por la agencia deben mostrar claramente qué transportes, excursiones, alojamientos y comidas incluyen

RECORRIDO

Málaga
Salida
Oaxaca
Acapulco
Tres Palos

Los gastos de pernocta y traslado al punto de partida del viaje corren a cuenta del viajero

Los precios de las agencias deben llevar siempre el IVA incluido

PVP............ 147.000 Pta. IVA incluido

▼ BAJO PROGRAM...
El primer viaje al extranjero debe siempre organizado. Esto quiere que no tendremos que preocup de comprar los billetes de avión reservar en hoteles o resolver lo problemas que puedan present representante de la agencia de se encargará de todo. Hay que en cuenta que algunos vuelos nacionales se efectúan desde internacionales, por lo que hay cumplir los mismos requisitos realizásemos un vuelo al extr se realizan excursiones fuera programa en países de lengu minoritarias, hay que contrat

No es aconsejable ir sólo a países de habla minoritaria

Si el viaje no se corresponde con el que hemos pagado, podemos reclamar el reembolso a la vuelta, pero no tenemos derecho a indemnizaciones

Cancún

▼ EL EQUIPO BASICO

Los programas de los viajes organizados suelen ser apretados y a menudo incluyen numerosas visitas culturales. Por ello, es recomendable utilizar zapatillas de deporte, que permiten caminar sin que los pies se resientan. En cuanto a los documentos y el dinero, existen formas muy ingeniosas de llevarlos. Los cinturones-cartera y las faldriqueras son dos métodos bien seguros. Las fotocopias --guardadas en un lugar diferente-- también son útiles en algunos países.

Monzón Viajes

CONTRATO DE VIAJE

▼ ANULACIONES
El cliente que no realice el viaje una vez formalizado el contrato, estará obligado a abonar los gastos de gestión, los de anulación si los hubiere, y hasta un quince por ciento como máximo en concepto de indemnización

▼ REEMBOLSOS
Caso que los precios indicados sean objeto de modificación por causa justificada, el viajero tendrá derecho a optar entre aceptar las modificaciones o quedar libre de su compromiso haciéndose reembolsar el importe o importes satisfechos

▼ RECLAMACIONES
El viajero que aprecie ejecución incorrecta, o no prestación de alguno de los servicios contratados, deberá formalizar inmediatamente su queja, y en el plazo de 48 horas hábiles notificarlo a la agencia organizadora a fin de que ésta tome las medidas pertinentes. Si, en cualquier caso, desea formular una reclamación, hágalo antes de los treinta días posteriores a su regreso.

▼ ALTERACIONES
La agencia organizadora se reserva el derecho de alterar el orden del recorrido de los itinerarios, modificar horarios, sustituir hoteles o incluso anular el viaje por causas de fuerza mayor tales como alteración de tarifas o insuficiencia de inscripciones

DOCUMENTACION Y PAPELES

PASAPORTE

DNI

CERTIFICADO DE VACUNACION

REINO DE ESPAÑA
E

PASAPORTE
Para los viajes fuera de la Unión Europea

TARJETAS DE CREDITO
Es conveniente hablar con la caja o banco emisor y ampliar el límite máximo establecido

RIÑONERAS
Junto a los cinturones-cartera, las riñoneras son la mejor opción frente a bolsos y carteras tradicionales

DNI
Para viajar por territorio nacional y países de la Unión Europea

CERTIFICADOS
Algunos países exigen visados especiales o certificados de vacunación

SEGURO MEDICO
Garantiza asistencia sanitaria, repatriación e incluso seguro de vida o indemnizaciones

OLIVE ESTUDIO - EL SEMANAL

IV c)

Una vez encontrados los errores, redacta, con la ayuda de tu compañero/a, y con la mayor cantidad posible de detalles, unas nuevas normas para la agencia "Viajes sin fronteras".

Estimados clientes:

"Viajes Sin Fronteras" les agradece su confianza. Para hacer más ágiles los trámites de sus vacaciones, les informamos de las normas de nuestra agencia:

- El 75% del importe total deberá abonarse en el momento de la inscripción, y el resto 15 días después.
- Nuestros precios pueden sufrir alteraciones.
- No hay precio especial para niños.
- En nuestros recorridos, ustedes tendrán derecho a algunas excursiones y se alojarán en hoteles de categoría variable.
- El IVA no está incluido en los precios.

En ningún momento tendrán derecho a reembolso alguno, ya que la agencia se reserva el derecho a modificar el programa, en función de las circunstancias.

V a)

Completa el texto que te damos a continuación. Para ello, te ayudará volver a leer los consejos de "Turismo sin Fronteras" de las páginas anteriores.

Para no .... sorpresas desagradables a la hora de reservar un viaje organizado, ... conocer ciertos trucos que nos harán el viaje más seguro.

El precio total del viaje no debe .... en el momento de la reserva: suele .... una parte y el resto más tarde.

Si tenemos niños, no nos olvidemos de que la agencia debe .... precios especiales para ellos. Por otra parte, seamos prudentes y leamos a fondo el contrato.

Los precios .... por la agencia .... indicar con detalle qué excursiones, alojamiento, comidas están incluídos; además deben llevar el IVA incluido.

Algunos gastos, sin embargo, ... del viajero: las tasas de aeropuerto, los gastos de .... hasta el punto de partida y las comidas en el aeropuerto.

Si por alguna razón no podemos realizar el viaje, aunque .... el contrato, tendremos que abonar los.................................., los de .... y hasta un 15% como máximo .... indemnización.

En el caso de que no estemos satisfechos con los servicios de la agencia, podremos .... una reclamación y, ... de 48 horas hábiles, ... a la agencia organizadora.

La agencia .... el derecho de .... horarios, ... hoteles, e incluso .... el viaje, por causas de ....

V b)

Piensa en la ciudad/el pueblo en el que vives. Seguro que hay cosas interesantes que ver.

V b 1)

Imagina tres excursiones, visitas o actividades y redacta un fax en el que aconsejas a tu cliente.

→ Una de las actividades está dirigida a un grupo de niños de 10 a 14 años.

→ Otra está pensada para adultos.

→ La última, propónsela a un grupo de personas *muy* mayores…

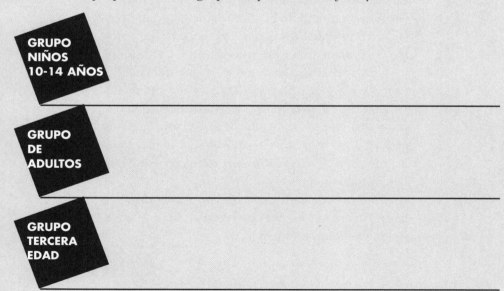

GRUPO NIÑOS 10-14 AÑOS

GRUPO DE ADULTOS

GRUPO TERCERA EDAD

V b 2)

Compara con tus compañeros/as y elegid entre todos la idea más original de todas. Recuerda el vocabulario de la Unidad 7 de la primera parte.

VI)

Sustituye el verbo DECIR por otro equivalente, de forma que no se repita ninguno.

CONFESAR, EXPLICAR, CONFIAR, REITERAR, CONTESTAR, EXPRESAR, PRONUNCIAR, AFIRMAR, COMENTAR, REPLICAR, INDICAR, MENCIONAR, ADMITIR

Dijo que él había cometido el error en la reserva, aunque siempre *dice* que no se equivoca nunca. Cuando me percaté de que la culpa era suya, no supe cómo *decír*selo.

Me *dijo en secreto* que estaba trabajando en otra empresa, cuando terminaba aquí y que estaba distraído.

Me pidió que no se lo *dijera* al director y que intentaría arreglarlo. *Dijo repetidas veces* que esto era muy importante para él.

Cuando me preguntó el jefe si sabía de dónde procedía el error, le *dije* que no me gustaba hablar de los compañeros, pero él me *dijo* que eso era una tontería y que si sabía algo, tenía que *decír*selo.

Como yo soy una persona de fiar y un buen compañero, no le *dije* nada. Intentamos resolver el problema y todo se solucionó. Al director, sin embargo, no le gustó y en la reunión mensual con la dirección general *dijo un discurso* que nos dejó a todos helados.

Así que, si cometes un error, no se lo *digas* a nadie, intenta resolver el problema y, si no... *dí*selo directamente a tu jefe.

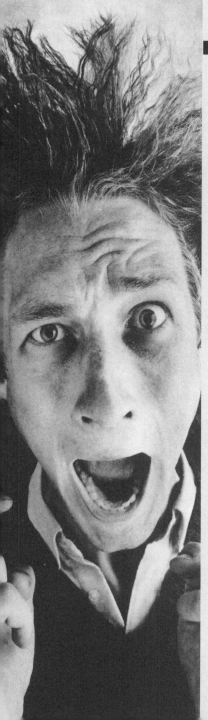

CUANDO NO HA IDO BIEN

■ Si, a pesar de todo el empeño que has puesto en tu trabajo, ocurren cosas desagradables, tendrás que enfrentarte con el departamento de litigios de tu cliente.

Este momento es muy importante ya que de tus reacciones dependerán tus futuras relaciones comerciales con el T.O. Lee detenidamente la reclamación, valora los términos de la misma y procede a un examen de conciencia: ¿En qué se basa la reclamación ¿Hasta qué punto está involucrada tu empresa? ¿Dependen de ti (o de tu empresa) los elementos que se discuten? ¿Ha existido fallo por tu parte?

Con frecuencia surgen errores, omisiones o diferencias de apreciación que dan origen a una reclamación. El tono en el que esté escrita dependerá mucho de las circunstancias. Debería ser siempre cortés aunque firme y su contenido debe recoger la mayor cantidad de detalles, llegando incluso a mencionar las posibles causas de los fallos constatados.

Contestar por escrito a una reclamación debe ser aún más respetuoso y razonado, pero sin caer en el servilismo. El exceso de obsequiosidad perjudicaría tu credibilidad profesional. Si efectivamente el error ha sido tuyo o de tu empresa, debes admitirlo y asegurarle a tu cliente que se han tomado ya las medidas necesarias para que no se vuelva a repetir y proponerle la mejor forma de paliar los perjuicios. La cuantía de la indemnización varía en función de la magnitud del error o de la responsabilidad de tu empresa. En general, es el propio reclamante quien menciona en su carta de reclamación sus indicaciones sobre el mejor modo de resolver la cuestión.

Todas las empresas prefieren siempre un arreglo acordado y pocas veces se llega a los tribunales de Justicia. Exceptuando el caso de Alemania, donde los clientes recurren al abogado de la Asociación de Defensa del Consumidor con frecuencia, las reclamaciones de un cliente individual y de su agencia representante buscarán siempre el consenso o cuando menos un **gesto comercial** Éste se produce también en las situaciones en las que el cliente no tiene razón o hace una mala interpretación de las cosas.

En estos casos, conviene intentar hacerle entrar en razón, demostrándole que se equivoca. A pesar de ello, si la relación comercial es buena, aunque la reclamación no esté del todo fundada, la empresa podrá hacer este gesto comercial, como muestra de buena voluntad, en beneficio de la buena continuación de la relación.

▪ I a)

Lee atentamente las dos cartas que te damos a continuación.

Voyages Mars
Rue de la République 5
75005 Paris
 Francia

Señor Eusebio Pérez
Director
Viajes Club Tierra
Torremolinos

París, 23.09.97

REF.: RECLAMACIÓN CLIENTES SANTER X 4 - 01.07-14.07.97 HOTEL NAUTILUS.

Estimado Señor Pérez:

Hemos recibido una carta de reclamación de los clientes de referencia en la que nos manifiestan su decepción en cuanto a la estancia en el hotel Nautilus, este verano.

Los clientes se quejan concretamente de los puntos siguientes:

Aunque la reserva se había hecho a principios de enero '97 (V. n/tx 8.01.97 a Pilar) y habíamos especificado que los clientes deseaban dos habitaciones contiguas y que se comunicaran entre sí, a su llegada el hotel les informó de que no tenía estas habitaciones disponibles y les propuso una doble en la planta 2 y la otra en la planta 3. Al tratarse de una familia con dos hijos pequeños, les supuso una considerable molestia que no pudo ser solucionada en una semana.

Por otra parte, según la ficha técnica que Uds. nos facilitaron, se hablaba de obras de restauración que habrían terminado para los meses de verano. Al parecer no fue así, ya que reinaba en el hotel un persistente olor a pintura que le produjo a la Sra. Santer una crisis de alergia.

Además, la puerta de acceso directo al paseo marítimo estaba siempre cerrada, por lo que los clientes tenían que salir del hotel y andar 100 m. para acceder a la playa.

Le agradeceremos nos envíe sus elementos de respuesta para poder dar salida a este dossier lo antes posible.

Saludos cordiales,

Marie Pierre Legrain
Servicio al cliente

Eusebio Pérez
Director
Viajes Club Tierra
Torremolinos

Sra. Marie Pierre Legrain
Voyages Mars
Rue de la République 5
75005 Paris

Torremolinos 10.10.97

Ref.: *Clientes Santer x 4 - 01.07 - 14.07.97- Hotel Nautilus*

Estimada Sra. Legrain:

Acusamos recibo de su carta de fecha 23.09.97 en la que nos informa de la reclamación de los clientes de referencia.
Después de haber consultado con la dirección del hotel, les informamos de lo siguiente:

- La reserva de dos habitaciones dobles contiguas fue hecha por nuestro departamento de reservas el 10.01.97 y confirmada por el hotel Nautilus por fax el 14.07.97. Parece ser, sin embargo, que los datos no fueron registrados correctamente, ya que los deseos de los clientes Santer no figuraban como tales.

- Las obras de restauración acabaron a principios del mes de junio, si bien las pinturas de la tercera planta no se terminaron hasta mediados de ese mes, lo que pudo ocasionar la crisis de alergia sufrida por la cliente y que lamentamos sinceramente.

- Por lo que se refiere al acceso directo al paseo marítimo, desde los jardines del hotel, la decisión de cerrar la puerta fue tomada por el director del Nautilus, al comprobar que personas ajenas a la clientela la usaban para tener acceso a las instalaciones del hotel.
Después de dos robos en las zonas comunes de la piscina, se decidió cerrar esta puerta, para garantizar una mayor seguridad de los clientes.

Por lo tanto, les proponemos una indemnización del 10% de la factura de estos clientes y nuestras disculpas, en nombre del hotel, por las molestias ocasionadas.
Quedamos a la espera de su amable respuesta para enviarles la nota de débito correspondiente y aprovechamos para enviarle un saludo muy cordial,

Eusebio Pérez
Director

I b)

Haz frases con cada una de las expresiones subrayadas de las dos cartas.

1. ....
   ....

2. ....
   ....

3. ....
   ....

4. ....
   ....

5. ....
   ....

6. ....
   ....

7. ....
   ....

8. ....
   ....

9. ....
   ....

10. ....
    ....

11. ....
    ....

12. ....
    ....

13. ....
    ....

14. ....
    ....

15. ....
    ....

16. ....
    ....

17. ....
    ....

18. ....
    ....

19. ....
    ....

20. ....
    ....

II a)

Lee los tres casos que te damos a continuación. Elabora:

A) La carta de reclamación que nos envía el cliente quejándose.

B) La carta de respuesta, ofreciéndole compensación. Para ello te puedes basar en "el respaldo de los consumidores".

Unas expresiones que te pueden ser útiles...

PARA QUEJARTE

Protestar, error, intolerable, menor categoría, reservar con antelación, exigir, reembolso, indemnización...

PARA CONTESTAR

Lamentar, contratiempo, error, informático, desgracia, obras, pedir, disculpas, ofrecer compensación, indemnizar...

Resignarse o reclamar

Cómo formalizar una queja si ha sido víctima de incumplimientos al contratar un viaje para sus vacaciones

Cuando salimos de vacaciones nuestro mayor deseo es pasarlo bien. Pero, a veces, circunstancias ajenas hacen que el viaje no se desarrolle como deseábamos. Ante los problemas e irregularidades hay dos vías: resignarse o reclamar. Sin duda, éste será el mejor camino para hacer valer nuestros derechos como consumidores. Les planteamos tres supuestos y sus soluciones, facilitados por la Organización de Consumidores y Usuarios.

CASO 1. EL HOTEL.
Paco contrató un viaje a Ibiza con una agencia de viajes. El paquete turístico consistía en billetes de avión y tres noches en un hotel de cuatro estrellas. Una vez en Ibiza, le dicen que ha habido un error y que no hay plaza en el hotel. Pero le aseguran que todo está solucionado para que se aloje en otro hotel de menor categoría, aunque mucho mejor en cuanto a calidad –le dicen– ya que está recien construido. Paco no tiene por qué aceptar este cambio. La ley establece que si la agencia no puede prestar alguno de los servicios en las condiciones pactadas, debe ofrecer al cliente la posibilidad de sustituirlo por otro de similares características. Si tras la sustitución, resulta inferior, la agencia deberá devolver la diferencia entre lo que costaba el hotel de cuatro estrellas –en este caso– y el precio del de tres estrellas. Si se niegan, envíe una carta con su queja al representante de la agencia. A su regreso entregue otra al responsable nacional de la agencia y pida indemnización. Y reclame ante la Consejería de Turismo de la Comunidad Autónoma donde esté la agencia.

EL RESPALDO DE LOS CONSUMIDORES

La ley protege, a través de indemnizaciones, a los consumidores que hayan sido objeto de abusos por parte de establecimientos o cuando se dispongan a contratar algún tipo de servicio.

RETRASOS POR AVERÍA	OVERBOOKING	PÉRDIDA DE EQUIPAJES	SERVICIOS INCUMPLIDOS	INTOXICACIÓN
Indemnización: Se reclamará la cantidad acordada por daños y perjuicios sufridos por el contratiempo horario.	**Indemnización:** 150 ecus (23.000 ptas.), en trayectos inferiores a 3.500 km. 300 ecus (45.000 ptas.) en los superiores a 3.500 km. Indemnización del 50% si se coge otro avión en 24 h.	**Indemnización:** 270 ptas./kg. en vuelos nacionales, con un límite de 54.000 ptas. por maleta. 20 dólares/kg.	**Indemnización:** Reembolso de lo abonado. Si le han proporcionado un servicio de calidad y precio inferiores, reembolso de lo cobrado de más.	**Indemnización:** Sanción a la empresa, hasta un límite de 2.500.000 de ptas. Indemnización con una media de 10.000 ptas. por día de baja.
Plazo para reclamar: En el mismo momento en que suceden los hechos.	**Plazo para reclamar:** En el momento.	**Plazo para reclamar:** 10 días en vuelos nacionales y 21 días en vuelos internacionales.	**Plazo para reclamar:** 2 años a partir del momento en que se produjo el problema.	**Plazo para reclamar:** En el mismo momento en que ocurre la intoxicación.

LOS PASOS A SEGUIR. *Si ha sufrido algún problema en materia de consumo, sepa qué caminos existen para poder reclamar. ■ Intente solucionarlo con la empresa que le ocasiona el problema. ■ Si no lo consigue, reclame ante los Servicios de Consumo de la comunidad autónoma correspondiente o bien, si la empresa está adherida al Sistema Arbitral de Consumo, acuda a la Junta de su comunidad, con la pertinente reclamación. ■ Si el laudo no ha sido de su agrado, la empresa no está adherida a este sistema o los Servicios de Consumo han desestimado su queja, acuda a la vía judicial.*

CASO 2. MALA SUERTE.
Pilar decidió viajar a Roma. Reservó y confirmó los billetes de avión. Y una vez en su destino, vio cómo sus maletas se perdían en el aeropuerto. Pero no acabaron sus desgracias, al ir a coger el vuelo de regreso ya no quedaban plazas. Había *overbooking*. Si ocurre en vuelos regulares con billetes confirmados, la compañía deberá reembolsar el precio del billete o transportar al viajero a su destino, en cuanto sea posible. Correrá con todos los gastos y además el viajero será indemnizado automáticamente.
Las indemnizaciones para pérdidas de equipaje dependen de su peso. Pida el libro de reclamaciones que Aviación Civil tiene en los aeropuertos y presente su queja. Esta entidad dictará una resolución que no es vinculante, por lo que si no es de su agrado podrá recurrir a los tribunales.

CASO 3. COMIDA DE FAMILIA.
Los Laborda se intoxicaron durante unas vacaciones. En este caso existen tres vías para reclamar (la arbitral queda excluida desde el mismo momento en que hay lesiones): administartiva, penal y civil. La primera: si sólo se quiere que el local sea sancionado. La segunda: si se busca un castigo penal. La tercera: si lo que se busca es una indemnización.

Paloma Bravo

OCU. *Tel.: (91) 300 00 45 Dirección General de Aviación Civil. Tel.: (91) 536 13 75 Juntas Arbitrales de Consumo Nacional. Tel.: (91) 431 18 36.*

III a)

**Recibes la carta de reclamación que te proponemos a continuación.
Intenta redactar una respuesta para dar satisfacción al cliente.**

Takashi de Hiro
Consejero
EMBAJADA DE JAPÓN EN MADRID

Doña Mercedes de Echevarría
Hotel Bahía
Marbella
Madrid, 04.06.97

Ref: Estancia en el Hotel Bahía de Marbella 14.05-24.05.97

Estimada señora:

Me refiero a mi estancia en su establecimiento en las fechas arriba mencionadas y
desearía llamar su atención sobre unos pequeños fallos que, si bien no afectan para
nada al trato excelente que, como siempre, nos han dispensado, sí pueden ayudarles
a mejorar, si cabe, la calidad de sus instalaciones y servicios.

Permítame, ante todo, agradecer los detalles que tuvieron conmigo y con mi esposa al
reservarnos la misma habitación de siemprte y decorarla con ese gusto perfecto que la
caracteriza.
Hemos disfrutado de unos días de descanso estupendos y esperamos poder volver a
visitarles lo antes posible.
Como asiduos clientes del hotel Bahía, hemos apreciado siempre la buena organización de sus distintos departamentos. Mis hijos han disfrutado mucho de las actividades
previstas para ellos, aunque me pareció entender que –si bien estaban en el programa– los cursos de submarinismo no tuvieron lugar, sin más explicación. La decepción
de mi hijo mayor fue muy grande ya que, por su edad, era el primer año en que hubiera podido participar en esa actividad.
Por otra parte, cuando mi secretario hizo la reserva, pedí personalmente que se me
reservara tee-time* en el Golf "La Quinta" todos los días a las 08:00 de la mañana. No
se me informó de que existiera un torneo de profesionales en estas fechas, ni que la
hora que me sería atribuida sería... las 12:30.
A pesar de que estos dos puntos no son de mucha importancioa, nos supusieron una
pequeña decepción que, espero, se tendrá en cuenta en nuestra próxima estancia.
Deseándole una excelente temporada de invierno, aprovechamos la oportunidad para
saludarle,
Atentamente,

Takashi de Hiro

* *tee time*: hora exacta reservada en un campo de golf, para empezar el circuito.

III b)

Con las expresiones subrayadas, completa las frases siguientes:

1 .... el tiempo, hemos pasado unas vacaciones estupendas.
2 .... la carta de reclamación que les enviamos el 25/4.
3 Nos gustaría participar en el .... de golf que se celebrará en abril.
4 La dirección del hotel ha tenido muchos .... con estos clientes porque celebraban su 40 aniversario de boda.
5 Todas las sugerencias de nuestros clientes .... para mejorar aún más nuestros servicios.
6 Agradecemos el .... que su agencia ha reservado a nuestros clientes.
7 Tenemos que lamentar numerosos .... en su organización.
8 Las numerosas averías del motor .... a la moral de los participantes en la regata.
9 Permítame .... sobre nuestras ofertas especiales para este verano.
10 Espero que estas observaciones les ayuden a mejorar aún más, ..., la calidad de su establecimiento.
11 El .... para los jugadores del grupo A está previsto a las 08:27. Rogamos puntualidad.
12 .... todos fueron avisados del cambio de horario, tres clientes se quedaron en tierra.
13 .... nos gustó mucho el interior del país, la costa nos pareció demasiado turística.

IV a)

Termina cada frase de la columna A con otra de la columna B, de manera que tenga sentido.

A	B
1 No funcionaba el aire acondicionado porque	A no pudimos enviar a nadie a recogerle al aeropuerto.
2 Hasta que llegó el director	B habíamos reservado con 3 meses de antelación.
3 Como no nos avisó de su horario	C se había averiado el sistema de refrigeración.
4 Sentimos las molestias ocasionadas pero	D no se procedió a la firma del contrato.
5 Es lamentable que	E nuestra empresa no tuvo nada que ver en la organización de la excursión.
6 No nos dieron habitaciones contiguas, a pesar de que	F el tiempo fue horrible.
7 No fuimos avisados de que	G enviar nuestro catálogo a la imprenta.
8 Aunque el hotel era aceptable	H siempre faltaba queso en el desayuno.
9 La comida no era suficiente y además	I algunos se aprovechen de los turistas.
10 Quedamos a la espera de su respuesta para.	J la excursión a La Alberca se canceló.

IV b)

Completa el texto que te damos a continuación con la forma verbal adecuada.

Los Sres. Bensoussan (reservar, ellos) .... un viaje con la agencia Toursol. Cuando (llegar, ellos) ....al aeropuerto, les (decir) .... la azafata que no (tener, ella) .... sus nombres en la lista de pasajeros y que (estar, ellos) ....en lista de espera.

El Sr. Bensoussan (ponerse) .... furioso y (enseñar, él) .... los documentos que (recibir, él) .... de su agencia.

La azafata le (contestar) .... que no (quedar) .... plazas en el avión y que (deber, ellos) .... tomar el vuelo siguiente pero que, ya que (cometerse) .... un error, (tener) ....derecho a reclamar a su agencia.

Los clientes (no aceptar) .... esta solución y (exigir, ellos) .... un responsable.

La azafata (llamar) .... a la agencia para comprobar los hechos y (descubrir, ella) .... el error. El nombre del Sr. Bensoussan (ser) .... Chérif y la reserva (hacerse) .... bajo este nombre, porque (creer) .... que (ser) .... su apellido.

Así que todo (terminar) .... bien y sólo (ser) .... un malentendido. ¡Menos mal!

IV c)

En la carta que te damos a continuación faltan algunas palabras fundamentales. ¿Puedes completarla para que tenga sentido?

Agradecemos su amable carta y le .... sin demora.

.... de haber contactado con el hotel, podemos .... de lo siguiente:

(Presentar los hechos) ...., la reserva fue hecha a .... de los Sres. Brecht y no a .... de los Sres. Kauffman. Esto .... la confusión de nuestra recepcionista a la .... de los clientes.

(Añadir otro elemento) ...., no se había especificado que los clientes .... dos habitaciones contiguas. ...., el hotel hizo todo lo posible para dárselas.

Y (añadir último elemento) ...., queremos informarle de que se ofreció un almuerzo "paella" a los clientes, como .... por la confusión generada.

(Conclusión) ...., creemos que se ha procedido con buena voluntad por nuestra parte y que la reclamación no ha lugar.

Esperamos haber contestado de manera .... a su reclamación y .... para saludarles atentamente.

IV d)

Completa la carta de reclamación con uno de estos verbos, sin repetir ninguno:

FALTAR, HACER FALTA, ECHAR DE MENOS, EQUIVOCARSE, FALLAR, COMETER ERRORES

Estimada señora:

De vuelta de nuestro viaje, queremos manifestarle nuestro descontento general :
A la llegada al aeropuerto, ... la presencia de la azafata de su compañía, ya que no sabíamos muy bien cómo desenvolvernos al no hablar el idioma.

En el folleto que ustedes nos entregaron .... el teléfono de la agencia local, así que no pudimos llamarles. Al final cogimos un taxi que nos llevó al hotel, pero cuál no fue nuestra sorpresa cuando nos dijeron que no tenían nuestra reserva. Al parecer, la persona responsable de reservas de su agencia .... y puso fechas incorrectas.

El hotel, sin embargo, fue muy amable y nos encontró una habitación agradable pero sin vista al mar. A los dos días .... el sistema de aire acondicionado e .... el uso de ventiladores, pero el trato impecable del personal del hotel lo compensó todo.

Todos ...., lo comprendemos, pero ¿qué habría pasado con nuestras vacaciones si el hotel hubiera estado completo?

V)

Une las frases de la columna A con algunas de la columna B por medio de estos conectores, para que tengan sentido. Consulta el Apéndice.

POR LO TANTO, SIN EMBARGO, AUNQUE, PORQUE, PERO, A PESAR DE QUE, POR LO QUE, SINO QUE, A CAUSA DE, POR CULPA DE

A	B
El avión no pudo despegar **1**	**A** no había visibilidad suficiente.
No nos habían avisado de su llegada **2**	**B** no pudimos hacerles la reserva del hotel.
Llovió durante toda la semana **3**	**C** habían anunciado buen tiempo.
Habíamos pedido un coche cat. B **4**	**D** nos han facturado uno de categoría superior.
El hotel no corresponde al que **5** habíamos seleccionado	**E** la amabilidad del personal lo ha compensado todo.
Nos hemos dejado una camisa en la habitación **6**	**F** les rogamos nos la envíen a la dirrección arriba mencionada.
No nos dieron habitación con vista al mar **7**	**G** hicimos la reserva con tres meses de antelación
El pueblo se quedó aislado **8**	**H** la nieve.
Tenemos que cancelar nuestro viaje **9**	**I** una operación quirúrgica urgente.
El circuito no sólo correspondió **10** exactamente a lo que ustedes anunciaban	**J** además, tuvimos la suerte de tener un guía excelente.

TEXTOS TURÍSTICOS

OJEN

- - - - SENDERO
——— PISTA FORESTAL

■ I)

Tu jefe/jefa te pide que asistas a una reunión a la que él/ella no puede asistir. Al día siguiente te pide que le cuentes lo que se ha dicho.
Reescribe el texto siguiente utilizando nexos y empezando con la frase:

DURANTE LA REUNIÓN QUE MANTUVIERON AYER LOS ECOLOGISTAS DECLARARON QUE EL MONTE ERA UNO DE LOS BIENES MÁS PRECIADOS DE LA HUMANIDAD YA QUE PERMITÍA...

El monte es uno de los bienes más preciosos de la humanidad. Permite la vida de los vegetales, de los animales y del hombre sobre la superficie de la Tierra. Todos tienen el deber de utilizar este recurso limitado evitando su erosión, contaminación y desertización.

Todos estamos obligados a tomar las medidas posibles para evitar su contaminación.
Por eso les rogamos, si salen al campo, cuiden de no dejar tirados los desperdicios de su acampada como botellas, plásticos, restos de comidas, etcétera.

Si desean acampar en el monte o hacer cualquier clase de comida con fuego, les rogamos se pongan en contacto con nuestro ayuntamiento.

Ojén-Paraíso ecológico, plano de pistas forestales y senderos.
Ayuntamiento de Ojén 95/288 10 03

II)

Completa el texto que te proponemos a continuación con la preposición adecuada.

*León,
una ciudad
monumental*

Los orígenes .... la ciudad .... León se remontan .... el año 68 D.C., cuando la Legión VII de Roma se asentó .... la confluencia .... los ríos Bernesga y Torío. Durante el reinado .... Ordoño II llegó .... ser la ciudad más importante .... la España cristiana.

Las crónicas .... los peregrinos que recorrían el camino .... Santiago dicen que León era una ciudad "llena de todas las felicidades", ... un comercio creciente.

.... la actualidad tiene alrededor .... 147.000 habitantes y conserva un extraordinario patrimonio histórico-artístico .... las dos ciudades que en ella coexisten: la antigua ciudad medieval, ... sus vestigios .... un pasado glorioso, y la moderna, que se extiende .... lo largo .... el río.

El aficionado .... la buena mesa .... León puede encontrar .... todo. Las raciones .... tapas variadas son exquisitas .... el Barrio Húmedo, lugar .... encuentro .... la hora .... los vinos, ... la mañana y .... la tarde.

La Catedral domina la ciudad y está edificada .... unas termas romanas.

Su construcción se inició .... el siglo XIII, ... un gran empuje .... el XIV aunque concluyó .... el XVI .... el mejor estilo gótico. Destacan sus maravillosas vidrieras .... colores.

III)

Después de leer la presentación de Viajes Marsans, redacta los pequeños textos que deben acompañar a los distintos servicios de esta agencia de viajes. Incluye las ideas que te damos. Piensa también en los usos del subjuntivo que puedas necesitar.

OBTENCIÓN DE BILLETES: ■ a cualquier parte ■ en cualquier momento ■ por cualquier medio.

ALOJAMIENTOS: ■ todo tipo de hoteles ■ cualquier categoría.

TRASLADOS: ■ variedad de los mismos.

COCHES DE ALQUILER: ■ facilidades de recogida y entrega ■ condiciones mínimas.

Marsans
le ofrece un mundo de experiencia en servicios al viajero.

Excursiones, centros de diversión
Y cualquier otro servicio adicional que pueda solicitar el cliente, como intérpretes, guías, etc.

Todos nuestros viajes pueden ser pagados con amplias facilidades de crédito. Solicite información en cualquiera de las oficinas MARSANS en España.

VIAJES MARSANS
...con mucho mundo.

133

IV)

Si trabajas alguna vez de guía turístico, te convendrá saber unos cuantos trucos para que tus clientes no metan la pata.
Aconseja a un cliente que se embarca para dar la vuelta al mundo.
Completa el texto siguiente con la forma verbal correspondiente.

En los países árabes o en Oriente, no (deber, usted) .... estrechar la mano a su interlocutor, a menos que éste (ofrecérsela) .... primero. Algunas mujeres musulmanas (aceptar) .... el apretón de manos pero en la India una mujer nunca (dar) .... la mano a nadie.

En Estados Unidos, dos interlocutores (deber) .... mantenerse siempre en la "zona de comodidad"; los musulmanes, en cambio (soler) .... acercarse más y (ser) .... común que un hombre (coger) .... la mano a otro y (mantenerla) .... un rato.

En casi todos los países de Europa, cuando le (ofrecer, ellos) .... algo, sólo (hacerlo, ellos) .... una vez. No (rechazarlo, usted) .... por educación, con la idea de aceptar el segundo ofrecimiento, porque no (producirse) ....

En los países islámicos, en Taiwan y Japón, no (apuntar, usted) .... nunca a alguien con la suela del zapato: los pies (ser) .... la parte más baja y, por tanto, la más sucia. No (sentarse, usted) .... cruzando las piernas, pues el pie de la que (situarse) .... arriba siempre (apuntar) hacia alguien. Por ello, en las estaciones o parques

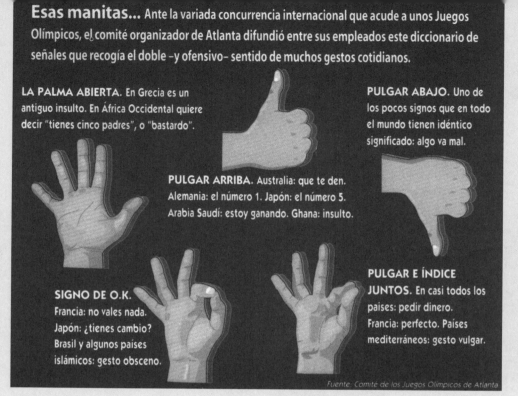

Esas manitas... Ante la variada concurrencia internacional que acude a unos Juegos Olímpicos, el comité organizador de Atlanta difundió entre sus empleados este diccionario de señales que recogía el doble –y ofensivo– sentido de muchos gestos cotidianos.

LA PALMA ABIERTA. En Grecia es un antiguo insulto. En África Occidental quiere decir "tienes cinco padres", o "bastardo".

PULGAR ABAJO. Uno de los pocos signos que en todo el mundo tienen idéntico significado: algo va mal.

PULGAR ARRIBA. Australia: que te den. Alemania: el número 1. Japón: el número 5. Arabia Saudí: estoy ganando. Ghana: insulto.

SIGNO DE O.K. Francia: no vales nada. Japón: ¿tienes cambio? Brasil y algunos países islámicos: gesto obsceno.

PULGAR E ÍNDICE JUNTOS. En casi todos los países: pedir dinero. Francia: perfecto. Países mediterráneos: gesto vulgar.

Fuente. Comité de los Juegos Olímpicos de Atlanta

públicos de Asia, donde la gente (estar) .... en el suelo sentada o echada mientras (comer) ...., no (permanecer, usted) .... de pie ante ellos, porque sus pies (quedar) ……………………………………… enfrente de los platos.

Si (viajar, usted) .... a los países de Oriente, (deber) .... saber que (ser, ellos) .... extremadamente corteses y (esperar, ellos) .... que (comportarse, usted) .... con la misma educación.

Las palabras "*sí*" y "*no*" no (usarse) .... igual que en Occidente.

El *no* (evitarse) .... mientras que el *sí* a menudo sólo (significar) .... "*eso me han dicho*".

(Decir) .... lo que (decir) ...., nunca les (dar, usted) .... la espalda. (Ser) .... una de las mayores groserías posibles.

En fin, si (querer, usted) .... ser un turista respetuoso, no (olvidarse, usted) .... de poner en su maleta algo de información útil, además de las gafas de sol y el cepillo de dientes.

V)

Han llegado tus vacaciones. Decides pasar unos días de descanso o de ocio en un lugar agradable. Aquí tienes varias posibilidades:
Elige cuidadosamente el tipo de vacaciones que mejor se corresponde con tu forma de ser y tu presupuesto y, una vez decidido/a, escribe a un amigo/a y convéncele de que te acompañe.

1
LEJOS DEL
MUNDANAL RUIDO.

Hospedarse en el silencio de un monasterio, olvidarse de los problemas de la vida diaria, reservar una celda monacal con el único propósito de desinfectar el alma, participar o no en la vida de los monjes o de las monjas y redescubrir el placer de la meditación... es hoy un lujo asequible.

Si le atrae esta nueva modalidad turística, poder hojear miles de volúmenes de las más antiguas bibliotecas que se conservan en los monasterios, con la comodidad que supone una habitación individual con cuarto de baño, calefacción y agua caliente y ... sin T.V...., le ofrecemos distintas posibilidades, entre las que puede elegir:

Abadía de Santo Domingo de Silos (Burgos)

Sólo para hombres. Uno de los más bellos de España, de gran tradición hospedera. Predominio de alimentos vegetales.

Se solicita donativo diario. (+/- 2.000 pts.)

Monasterio de la Madre de Dios de Buenafuente del Sistal (Guadalajara)

Sólo mujeres. Las hospedadas deben integrarse en la vida monástica de las monjas cistercienses. Estancia máxima 1 semana. (Gratis)

2
IBIZA

3
SALZBURGO

4
CUBA

Duración: del 3 al 7 de abril.
Precio: 39.000 pts. con vuelo desde Madrid.
Organiza: Viajes Express.

Estancia en hotel de tres estrellas y media pensión. Traslados y seguros incluidos.

Ideal para jóvenes que buscan playa durante el día y fiestas durante la noche.

Duración: 5 días.
Precio 147.000 pts. con vuelo desde Barcelona.
Organiza: Musictour.

Viaje organizado para asistir al Festival de Pascua que cada año se celebra en la ciudad de Salzburgo.

El precio incluye vuelos, traslados, visitas, guía y seguro.
Las entradas para asistir a tres conciertos son opcionales y cuestan 67.500 pts.

Duración 8 días.
Precio: a partir de 122.000 pts. con vuelo desde Madrid.
Organiza: Cielomar.

Combinado de tres días en La Habana y el resto en Varadero.

El precio incluye los vuelos y los traslados, el alojamiento y el seguro de viaje.

VI)

Compara las diferencias entre el turismo de antes y el actual, punto por punto. Coméntalas con tu compañero/a. Redacta un texto de introducción para justificar un programa novedoso, apoyándote en las diferencias comentadas.

CUADRO COMPARATIVO DE LA INDUSTRIA TURÍSTICA 1960-1990

TURISMO AÑOS 60-70	CARACTERÍSTICAS	TURISMO AÑOS 90
Turismo de masas.	**CONCEPTO DE PRODUCCIÓN**	Opciones flexibles de viaje y turismo.
Vacaciones rígidamente empaquetadas, masificadas y estandarizadas. Mercados de masas.	**PRODUCTOS**	Vacaciones: flexibles, segmentadas, personalizadas, conscientes del medioambiente.
Paquetes turísticos Vuelos chárter Franquicias Vacaciones "de marca" Oficinas, hoteles, *resorts*.	**INSTRUMENTOS DE PRODUCCIÓN**	*Yield Management.* Operadores especializados. Competencia entre destinos. Vacaciones independientes. mayor papel de los proveedores y agentes.
Las economías de escala son muy importantes. Se anticipa la demanda, pero se necesita capacidad futura. Se "guardan vacaciones" por si acaso.	**ORGANIZACIÓN DE LA PRODUCCIÓN**	Economías de escala y de ámbito. Flexibilidad. Estar cerca del mercado. Integración diagonal.
Mano de obra estacional. Gran rotación de mano de obra. Reputación de trabajo mal pagado. Poca flexibilidad laboral.	**RECURSOS HUMANOS Y FORMACIÓN**	No están claras las estrategias de recursos humanos para este sector.
Marketing de masas. Publicidad de masas.	**MARKETING**	Personalización máxima.
Inexpertos. Aparentemente homogéneos. Fanáticos del sol. Predecibles. Motivados por precio.	**CLIENTES**	Experimentados. Independientes y flexibles. Con valores distintos. Maduros y responsables.
No había diferencia.	**CALIDAD**	No están todavía claras las estrategias equivalentes para el sector.

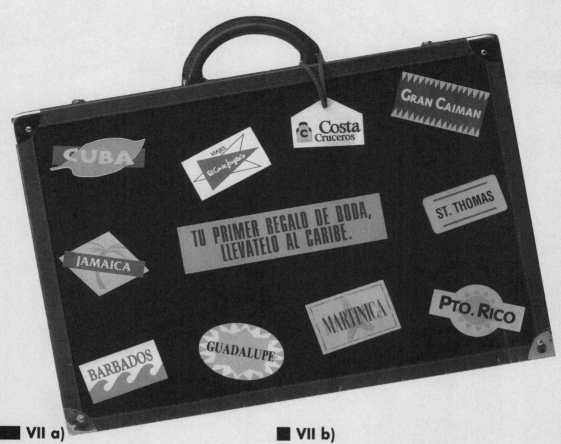

VII a)

¿Qué te sugieren estos destinos
turísticos?

....
....
....
....
....
....
....
....
....
....
....
....

VII b)

¿Por qué crees que esta agencia
los ha puesto juntos?

....
....
....
....
....
....
....
....
....
....
....

Trabajas en el departamento comercial de esta agencia. Basándote en las fotos del folleto, redacta un texto de diez líneas para convencer a tus clientes de que elijan esta oferta para su viaje de novios.

TU PRIMER REGALO DE BODA, LLEVATELO AL CARIBE.

....
....
....
....
....
....

Costa Cruceros
Navegamos para divertirte

Viajes de novios

CARIBE, CUBA Y JAMAICA

Pagar os será muy fácil. Podéis abonar vuestro viaje de novios con:
- La tarjeta de compra de El Corte Inglés.
- Pago aplazado en tres meses, sin intereses.
  Gastos de tramitación 750 ptas.
- Pago aplazado hasta 24 meses con el tipo de interés vigente en ese momento en El Corte Inglés.

Solicitar el folleto informativo
Costa Cruceros "Viajes de
Novios. Caribe".
En Viajes El Corte Inglés.

VII d)

Después de leer atentamente el folleto del hotel Paraíso Tenerife, apunta en la columna correspondiente las ventajas de elegir este hotel.

UN ENTORNO NATURAL:

LA ESTANCIA DE SUS SUEÑOS:

CON TODO LUJO DE DETALLES:

LA HORA DE COMER:

EL PARAÍSO DEL OCIO:

El paraíso soñado

LA ESTANCIA DE SUS SUEÑOS.

Todas las habitaciones y las suites han sido diseñadas para su comodidad y descanso. Disponen de aire acondicionado, teléfono, música, minibar, TV vía satélite, caja fuerte en alquiler y terraza con maravillosas vistas al exterior.

UN ENTORNO NATURAL.

Entre en el Jardín tropical y sumérjase en la más pura naturaleza. Su exuberante vegetación, sus jardines subtropicales, sus buganvillas... constituyen un entorno único y natural, donde relajarse y olvidarse de las prisas escuchando el sonido del agua. Su arquitectura de inspiración árabe se integra suavemente en la naturaleza.

CON TODO LUJO DE DETALLES.

Para una estancia realmente especial, el Hotel jardín Tropical dispone de las Suites "Las Adelfas". Situadas en una zona exclusiva y personalizada del hotel, destacan por su decoración de alto nivel, con ambiente de villa, realizada en materiales nobles, tonos claros y cuadros impresionistas. Un amplio dormitorio con vestidor, sala de estar y cuarto de baño en mármol, dan lugar a acogedoras estancias.

LA HORA DE COMER.

Ni siquiera el paladar más exigente podrá resistirse a la exquisita gastronomía de sus cinco restaurantes. Desde el fabuloso bufet "Las Mimosas" para el desayuno y la cena, a un almuerzo en la piscina degustando las especialidades del snackbar "Los Cucuruchos". Sin olvidar el restaurante-menú "Las Cuevas" y "Las Rocas". Y para un momento especial, el restaurante "El Patio", le ofrece una cena de lujo en un entorno único.

EL PARAÍSO DEL OCIO.

En el Hotel Jardín Tropical encontrará todo tipo de actividades para disfrutar de su tiempo libre: Piscinas de agua dulce y agua de mar en el Beach Club "Las Rocas". O sauna, baños turcos, gimnasio, masajes, tratamientos de salud y belleza, solarium... en el Bio-Centro. Música y actuaciones en vivo en el "Lobby Bar" y en el "Café de París". Apetitosos zumos y batidos naturales en la zumería "Las Adelfas". Además cuenta con instalaciones deportivas próximas al hotel: naútica, pesca de altura y golf.

APPENDICE A1

142

EL VERBO

Para los usos de los tiempos ver Apéndice 2.

PRESENTE de INDICATIVO

■ **FORMAS REGULARES**

- AR

viaj **-o**	viaj **-amos**
viaj **-as**	viaj **-áis**
viaj **-a**	viaj **-an**

- ER

com **-o**	com **-emos**
com **-es**	com **-éis**
com **-e**	com **-en**

- IR

viv **-o**	viv **-imos**
viv **-es**	viv **-ís**
viv **-e**	viv **-en**

■ **FORMAS IRREGULARES**

1 PRESENTE EN **-GO** en primera persona.

HACER: hago, haces, hace, hacemos, hacéis, hacen.
PONER: pongo, pones, pone, ponemos, ponéis, ponen.
VALER: valgo, vales, vale, valemos, valéis, valen.
SALIR: salgo, sales, sale, salimos, salís, salen.
y sus compuestos.

2 PRESENTE EN **-GO** + **-IE/I**

Las personas *nosotros* y *vosotros*, son regulares.
TENER: tengo, tienes, tiene, tenemos, tenéis, tienen.
VENIR: vengo, vienes, viene, venimos, venís, vienen.
DECIR: digo, dices, dice, decimos, decís, dicen.
y sus compuestos.

3 PRESENTE EN **-IGO** en primera persona.

TRAER: traigo, traes, trae, trae, traemos, traéis, traen.
CAER: caigo, caes, cae. caemos, caéis, caen.
y sus compuestos.

4 PRESENTE EN **-ZCO** en primera persona.

Todos los verbos terminados en -CER y -DUCIR
EXCEPTO: hacer, mecer, cocer, ejercer, convencer.

AGRADECER: agradezco, agradeces, agradece, agradecemos, agradecéis, agradecen,
CONDUCIR: conduzco, conduces, conduce, conducimos, conducís, conducen.

5 PRESENTE EN **-YO**

Todos los verbos terminados en -UIR.
Las personas *nosotros* y *vosotros*, son regulares.

CONSTRUIR: construyo, construyes, construye, construimos, construís, construyen.

6 CASOS ESPECIALES:

DAR: doy, das, da, damos, dais, dan.
ESTAR: estoy, estás, está, estamos, estáis, están.
CABER: quepo, cabes, cabe, cabemos, cabéis, caben.
HABER: he, has, ha, hemos, habéis, han.
SABER: sé sabes, sabe, sabemos, sabéis, saben.
SER: soy, eres es, somos, sois, son.
VER: veo, ves, ve, vemos, veis, ven.
IR: voy, vas, va, vamos, vais, van.
OÍR: oigo, oyes, oye, oímos, oís, oyen.

7 VERBOS EN **-AR**, que cambian la **E>IE**.

Las personas *nosotros* y *vosotros* son regulares.
DESPERTAR: despierto, despiertas, despierta, despertamos, despertáis, despiertan.
OTROS: atravesar, cerrar, empezar, hiela, nieva, pensar, recomendar, sentar.

8 VERBOS EN **-ER** que cambian la **E>IE**.

Las personas *nosotros* y *vosotros* son regulares.
QUERER: quiero, quieres, quiere, queremos, queréis, quieren.
OTROS: defender, encender, entender, perder.

9 VERBOS EN **-IR** que cambian la **E>IE**.

SUGERIR: sugiero, sugieres, sugiere, sugerimos, sugerís, sugieren.
OTROS: advertir, convertir(se), digerir, divertir(se), herir, mentir, preferir, sentir.

10 VERBOS EN **-IR** que cambian la **E>I**.

Las personas *nosotros* y *vosotros* son regulares.
SEGUIR: sigo, sigues, sigue, seguimos, seguís, siguen.
OTROS: conseguir, despedir, freír, impedir, pedir, perseguir, reír, repetir, servir, sonreír, vestir(se).

11 VERBOS EN **-AR** que cambian la **O>UE**.

Las personas *nosotros* y *vosotros* son regulares.
VOLAR: vuelo, vuelas, vuela, volamos, voláis, vuelan.

OTROS: acostar(se), almorzar, apostar, contar, costar, encontrar, recordar, mostrar, probar, soltar, sonar, soñar, tostar(se).

¡OJO!
JUGAR: juego, juegas, juega, jugamos, jugáis, juegan.

12 VERBOS EN **-ER** que cambian la **O>UE**.

PODER: puedo, puedes, puede, podemos, podéis, pueden.
OTROS: cocer, devolver, doler, envolver, llueve, morder, mover, soler, volver.

¡OJO!
OLER: huelo, hueles, huele, olemos, oléis, huelen.

13 VERBOS EN **-IR** que cambian la **O>UE**.

DORMIR: duermo, duermes, duerme, dormimos, dormís, duermen.
OTRO: morir.

PRETÉRITO PERFECTO

he		
has		
ha		**-AR**>ado: **viajado**
hemos	**+PARTICIPIO**	**-ER**>ido: **comido**
habéis		**-IR**>ido: **vivido**
han		

■ **PARTICIPIOS REGULARES**

abrir > abierto
cubrir > cubierto

decir > dicho
descubrir > descubierto
escribir > escrito
hacer > hecho
morir > muerto
poner > puesto
resolver> resuelto
romper > roto
satisfacer > satisfecho
ver > visto
volver > vuelto

Palabras que suelen construirse con PRETÉRITO PERFECTO

- Esta mañana/semana
- Este fin de semana/mes/año/siglo
- Hoy
- Hasta ahora
- ¿Alguna vez...?
- Nunca/en mi vida
- Durante + cantidad de tiempo
- Todavía no
- Ya
- Últimamente
- Una vez/muchas veces...
- **+ P. PERFECTO**

DOS PALABRAS COMPLICADAS: **YA** y **TODAVÍA**

YA + PRETÉRITO PERFECTO
= acción acabada.
Ej.:• La temporada de verano **ya ha empezado**.
  • Un sueco o un finlandés normalmente a las tres de la tarde **ya ha comido**.
  • Normalmente a las 9,15 h. el autocar **ya ha salido**.

YA NO + **PRESENTE DE INDICATIVO**
= antes sí, ahora no.
Ej.:• La señora Pérez **ya no trabaja** aquí.
  • He dormido mucho, **ya no tengo** sueño.
  • Ahora soy vegetariano, **ya no como** carne.

TODAVÍA NO + **PRETÉRITO PERFECTO**

= antes no, ahora tampoco.

Ej.: • A las 7,45 h. el guía **todavía no ha llegado**.

 • El programa de animación **todavía no ha empezado**.

 • Hemos visitado Sevilla, pero **todavía no hemos visto** la Giralda.

TODAVÍA + **PRESENTE DE INDICATIVO**

= antes sí, ahora también.

Ej.: • – ¿Ha terminado?

 – No, **todavía me queda** el postre.

 • Después de tantos viajes a España, **todavía me queda** por descubrir el Norte.

 • Después de tantos años de trabajo, **todavía conserva** el entusiasmo.

IMPERFECTO

Es regular. Sólo tiene tres formas irregulares:

■ FORMAS IRREGULARES

SER: era, eras, era, éramos érais, eran.
VER: veía, veías veía veíamos, veíais, veían.
IR: iba, ibas, iba, íbamos, íbais, iban.

■ FORMAS REGULARES

-AR		-ER	-IR
-aba	-ábamos	-ía	-íamos
-abas	-abais	-ías	-íais
-aba	-aban	-ía	-ían

VIAJAR: viajaba, viajabas, viajaba, viajábamos, viajabais, viajaban.
COMER: comía, comías, comía, comíamos, comíais, comían, comían.
VIVIR: vivía, vivías, vivía, vivíamos, vivíais, vivían.

Palabras que suelen construirse con IMPERFECTO:

• De niño/-a
• De pequeño/-a
• Cuando era niño / pequeño/-a
• Cuando tenía 15 años...
• Antes
• En los años 60
• En tiempos de los árabes
• En la Edad Media / en aquella época
• Con Franco
 etc.

+ IMPERFECTO

INDEFINIDO

■ FORMAS REGULARES

-AR	
-É	-AMOS
-ASTE	-ASTEIS
-Ó	-ARON

VIAJAR: viajé, viajaste, viajó, viajamos, viajasteis, viajaron.

 ¡OJO!
La forma nosotros es igual en presente y en indefinido.

Todos los verbos en **-AR** tienen el indefinido regular, excepto tres:
DAR, **ESTAR** y **ANDAR**.

DAR: di, diste dio, dimos, disteis, dieron.
ESTAR: estuve, estuviste, estuvo, estuvimos, estuvisteis, estuvieron.
ANDAR: anduve, anduviste, anduvo, anduvimos, anduvisteis, anduvieron.

-ER/-IR	
- Í	- IMOS
- ISTE	- ISTEIS
- IÓ	- IERON

COMER: comí, comiste, comió, comimos, comisteis, comieron.

VIVIR: viví, viviste, vivió, vivimos, vivisteis, vivieron.

¡OJO!
La forma nosotros de los verbos en **-IR** es igual en presente y en indefinido.

■ FORMAS IRREGULARES

1 SER/IR: fui, fuiste, fue, fuimos, fuisteis, fueron.

2 DECIR, TRAER, CONDUCIR y los que terminan en **-DUCIR.**

DI-	-e
TRA-	-iste
CONDU-	-o
	-imos
	-isteis
	-eron

3 LEER, OÍR, CREER, CAER, HUIR y todos los que terminan en **-UIR.**

LE-	-í
O-	-iste
CRE-	-yó
CA-	-imos
HU-	-isteis
	-yeron

4 (+ -e, -iste, -o, -imos, -isteis, -ieron)

ANDAR	ANDUV-
ESTAR	ESTUV-

HABER	HUB-
HACER	HIC-
PODER	PUD-
PONER	PUS-
QUERER	QUIS-
SABER	SUP-
TENER	TUV-
VENIR	VIN-

5 DAR: di, diste, dio, dimos, disteis, dieron.

6 Cambian la **O>U** en la 3ª persona de singular y plural:

DORMIR	
dormí	dormimos
dormiste	dormisteis
durmió	durmieron
MORIR	
morí	morimos
moriste	moriesteis
murió	murieron

7 Cambian la **E>I** en 3ª persona de singular y plural los verbos que también lo hacen en presente y terminan en **-IR:**

PEDIR: pedí, pediste. pidió, pedimos, pedisteis, pidieron.

8 Cambian la **E>I** en 3ª persona de singular y plural los verbos que en presente diptongan (e>ie) y terminan en **-IR.**

PREFERIR: preferí, preferiste prefirió, preferimos, preferisteis, prefirieron.

Palabras que suelen construirse con INDEFINIDO.

- Ayer
- Anteayer
- Anoche/anteanoche
- El verano pasado
- La semana pasada
- El mes/el año pasado
- El otro día
- Hace unos días/hace un mes, etc.

- Un día
- A finales del año pasado
- Durante + cantidad de tiempo
- En 1986
- Aquel año
- La primera / la segunda vez que...
- Cualquier día de la semana distinto a hoy:
  el lunes, el martes, el miércoles,
  (hoy es jueves)
- cualquier mes distinto al presente:
  enero, febrero, marzo, abril, etc.
  (estamos en noviembre)
  + INDEFINIDO

¡OJO!
Verbo **SER**:
FUE En + temporada
Ej.: – Eso que cuentas **fue en verano** ¿no?
ERA + temporada
Ej.: – **Era verano** cuando los conocí.

PLUSCUAMPERFECTO

había		
habías		
había	**+PARTICIPIO**	-AR>ado: viajado
habíamos		-ER>ido: comido
habíais		-IR>ido: vivido
habían		

FUTURO SIMPLE

■ FORMAS REGULARES

-AR		-É	-EMOS
-ER	+	-ÁS	-ÉIS
-IR		-Á	-ÁN

VIAJAR: viajaré, viajarás, viajará, viajaremos, viajaréis, viajarán.
COMER: comeré, comerás, comerá, comeremos, comeréis, comerán.
VIVIR: viviré, vivirás, vivirá, viviremos, viviréis, vivirán.

■ FORMAS IRREGULARES

CABER: cabré, cabrás, cabrá, cabremos, cabréis, cabrán.
DECIR: diré, dirás, dirá, diremos, diréis, dirán.
HABER: habré, habrás, habrá, habremos, habréis, habrán
HACER: haré, harás, hará, haremos, haréis, harán.
PODER: podré, podrás, podrá, podremos, podréis, podrán.
PONER: pondré, pondrás, pondrá, pondremos, pondréis, pondrán.
QUERER: querré, querrás, querrá, querremos, querréis, querrán.
SABER: sabré, sabrás, sabrá, sabremos, sabréis, sabrán.
SALIR: saldré, saldrás, saldrá, saldremos, saldréis, saldrán.
TENER: tendré, tendrás, tendrá, tendremos, tendréis, tendrán.
VENIR: vendré, vendrás, vendrá, vendremos, vendremos, vendréis, vendrán.

OTRAS FORMAS DE EXPRESAR FUTURO.

La idea de futuro también puedes expresarla con:

→ Presente de **IR** + infinitivo.
Ej.:• – ¿Qué **vamos a visitar** mañana?
     – El casco histórico de Cáceres, creo.

→ Presente de **PENSAR** + infinitivo.
Ej.:• – ¿Cuánto tiempo **piensan quedarse**?
     (U.1)

→ **Presente** + expresiones de futuro.

Ej.: •— Por favor, ¿puede prepararnos la cuenta? **Nos vamos mañana**.

•— Les anuncio que la **semana próxima abrimos** las nuevas instalaciones en Cuba.

FUTURO PERFECTO

habré
habrás
habrá
habremos **+PARTICIPIO**
habréis
habrán

-AR>ado: viajado
-ER>ido: comido
-IR>ido: vivido

CONDICIONAL

■ FORMAS REGULARES

-AR
-ÍAMOS
-ER   +   -ÍA
-ÍAIS   -ÍAS
-IR   -ÍA
-ÍAN

VIAJAR: viajaría, viajarías, viajaría, viajaríamos, viajarías, viajarían.

COMER: comería, comerías, comería, comeríamos, comeríais, comerían.

VIVIR: viviría, vivirías, viviría, viviríamos, viviríais vivirían.

■ FORMAS REGULARES

CABER: cabría, cabrías, cabría, cabríamos, cabríais, cabrían.

DECIR: diría, dirías, diría, diríamos, diríais, dirían.

HABER: habría, habrías, habría, habríamos, habríais, habrían.

HACER: haría, harías, haría, haríamos, haríais, harían.

PODER: podría, podrías, podría, podríamos, podríais, podrían.

PONER: pondría, pondrías, pondrías, pondríamos, pondríais, pondrían.

QUERER: querría, querrías, querría, querríamos, querríais, querrían,

SABER: sabría, sabrías, sabría, sabríamos, sabríais, sabrían.

SALIR: saldría, saldrías, saldría, saldríamos, saldríais, saldrían.

TENER: tendría, tendrías, tendría, tendríamos, tendríais, tendrían.

VENIR: vendría, vendrías, vendría, vendríamos, vendríais, vendrían.

CONDICIONAL PERFECTO

habría
habrías
habría
habríamos **+PARTICIPIO**
habríais
habrían

-AR>ado: viajado
-ER>ido: comido
-IR>ido: vivido

PRESENTE DE SUBJUNTIVO

■ FORMAS REGULARES

-AR

viaj -e	viaj -emos
viaj -es	viaj -éis
viaj -e	viaj -en

-ER

com -a	com -amos
com -as	com -áis
com -a	com -an

-IR

viv -a	viv -amos
viv -as	viv -áis
viv -a	viv -an

■ **FORMAS IRREGULARES**

Recuerda que el presente de subjuntivo se forma a partir de la persona **YO** del INDICATIVO.

1 PRESENTE EN **-GO** en primera persona.

HACER: haga, hagas, haga, hagamos, hagáis, hagan.
PONER: ponga, pongas, etc.
VALER: valga, valgas, etc.
SALIR: salga, salgas, salga, etc.
y sus compuestos.

2 PRESENTE EN **-GO + -IE/I**

TENER: tenga, tengas, tenga, tengamos, tengáis, tengan.
VENIR: venga, vengas, venga, etc.
DECIR: diga, digas, diga, etc.

3 PRESENTE EN **-IGO** en primera persona.

TRAER: traiga, traigas, traiga, traigamos, traigáis, traigan.
CAER: caiga, caigas, caiga, etc.
y sus compuestos.

4 PRESENTE EN **-ZCO** en primera persona.

Todos los verbos terminados en **-CER** y -**DUCIR**
EXCEPTO: hacer, mecer, cocer, ejercer, convencer.

AGRADECER: agradezca, agradezcas, agradezca, agradezcamos, agradezcáis, agradezcan.
CONDUCIR: conduzca, conduzcas, conduzca, etc.

5 PRESENTE EN **-YO**

Todos los verbos terminados en **-UIR**.
CONSTRUIR: construya, construyas, construya, construyamos, construyáis, construyan.

6 CASOS ESPECIALES:

OÍR: oiga, oigas, oiga, oigamos, oigáis, oigan.
SER: sea, seas, sea, seamos, seáis, sean
ESTAR: esté, estés, esté, estemos, estéis, estén.
DAR: dé, des, dé, demos, deis, den.
IR: vaya, vayas, vaya, vayamos, vayáis, vayan.
SABER: sepa, sepas, sepa, sepamos, sepáis, sepan.
CABER: quepa, quepas, quepa, quepamos, quepáis, quepan.
HABER: haya, hayas, haya, hayamos, hayáis, hayan.
VER: vea, veas, vea, veamos, veáis, vean.

7 VERBOS EN **-AR**, que cambian la E>IE.

Las personas *nosotros* y *vosotros* son regulares.
DESPERTAR: despierte, despiertes, despierte, despertemos, despertéis, despierten.

8 VERBOS EN **-ER**, que cambian la E>IE.

Las personas nosotros, vosotros son regulares.

QUERER: quiera, quieras, quiera, queramos, queráis, quieran.

9 VERBOS EN **-IR** que cambian la **E>IE**.

SUGERIR: sugiera, sugieras, sugiera, sugiramos, sugiráis, sugieran.

10 VERBOS EN **-IR** que cambian la **E>I**.

SEGUIR: siga, sigas, siga, sigamos, sigáis, sigan.

11 VERBOS EN **-AR** que cambian la **O> UE**.

Las personas nosotros y vosotros son regulares.
VOLAR: vuele, vueles, vuele, volemos, voléis, vuelen.

 ¡OJO!
JUGAR: juegue, juegues, juegue, juguemos, juguéis, jueguen.

12 VERBOS EN **-ER** que cambian la **O>UE**.

Las personas nosotros y vosotros son regulares.
PODER: pueda, puedas, pueda, podamos, podáis, puedan.

13 VERBOS EN **-IR** que cambian la **O>UE**.

DORMIR: duerma, duermas, duerma, durmamos, durmáis, duerman.

IMPERFECTO DE SUBJUNTIVO

Se forma a partir de la tercera persona de plural del indefinido, añadiendo las terminaciones correspondientes.

■ **FORMAS REGULARES**

-AR		
viaja - ~~ron~~		
-ER	-ra/-se	-ramos/-semos
comie - ~~ron~~	-ras/-ses	-rais/-seis
-IR	-ra/-se	-ran/-sen
vivie - ~~ron~~		

VIAJAR: viajara/-se, viajaras/-ses; viajara/-se, viajáramos/semos, viajarais/-seis, viajaran/-sen.
COMER: comiera/-se, comieras/-ses, comiera/-se, comiéramos/-semos, comierais/-seis, comieran/-sen
VIVIR: viviera/-se, vivieras/-ses, viviera/-se, viviéramos/-semos, vivierais/-seis, vivieran/- sen.

¡OJO!
Aquí tienes un truco práctico:
Como sin duda recuerdas, los indefinidos en -AR son regulares excepto
DAR, ESTAR y ANDAR.
Para formar el imperfecto de subjuntivo de los verbos en -AR basta con añadir al infinitivo una **-A**, excepto a los verbos ya citados.
Ej.: estudiar + a = estudiar**a**
    probar + a = probar**a**
    pensar + a = pensar**a**

■ **FORMAS IRREGULARES**

La regla general vale también para las formas irregulares.

1 SER/IR: **fue-~~ron~~**
fuera/-se, fueras/-ses, fuera/-se, fuéramos/-semos, fuerais/-seis, fueran/-sen.

2 TRAER, DECIR, CONDUCIR y los que terminan en -DUCIR.

dije-ron

dijera/-se, dijeras/-ses, dijera/-se, dijéramos
/-semos, dijerais/-seis, dijeran/-sen.

traje-ron

trajera/-se, trajeras/-ses, trajera/-se, trajéramos/-semos, trajerais/-seis, trajeran/-sen.

conduje-ron

condujera/-se, condujeras/-ses, condujera/-se, condujéramos/- semos, condujerais/-seis, condujeran/-sen.

3 LEER, OÍR, CREER, CAER, HUIR y todos los que terminan en -UIR.

caye-ron

cayera/-se, cayeras/-ses, cayera/-se, cayéramos/-semos, cayerasi/-seis, cayeran/-sen.

creye-ron

creyera/-se, creyeras/-ses, creyera/-se, creyéramos/-semos, creyerais/-seis, creyeran/-sen.

leye-ron

leyera/-se, leyeras/-ses, leyera/-se, leyéramos/-semos, leyerais/-seis, leyeran/-sen.

huye-ron

huyera/-se, huyeras/-ses, huyera/-se, huyéramos/-semos, huyésemos/-semos, huyeran/-sen.

oye-ron

oyera/-se, oyeras/-ses, oyera/-se, oyéramos/-semos, oyerais/-seis, oyeran/-sen.

4

HACER	HIC-		hiciera/se...
QUERER	QUIS-		quisiera/se...
VENIR	VIN-		viniera/se...
PODER	PUD-		pudiera/se...
PONER	PUS-	+ -ieron	pusiera/se...
SABER	SUP-		supiera/se...
TENER	TUV-		tuviera/se...
HABER	HUB-		hubiera/se...
ANDAR	ANDUV-		anduviera/se...
ESTAR	ESTUV-		estuviera/se...

5 DAR:

die-ron

diera/-se, dieras/-ses, diera/-se, diéramos/ -semos, dierais/-seis, dieran/-sen.

6 Cambian la O>U en la 3ª persona de singular y plural:

durmie-ron

durmiera/-se, durmieras/-ses, durmiera/-se, durmiéramos/-semos, durmierais/-seis, durmieran/-sen.

murie-ron

muriera/-se, murieras/-ses, muriera/-se, muriéramos/-semos, murierais/-seis, murieran/-sen.

7 Cambian la **E>I** en 3ª persona de singular y plural los verbos que también lo hacen en presente y terminan en **-IR**:

PEDIR:
pidie-ron

pidiera/-se, pidieras/-ses, pidiera/-se, pidiéramos/-semos, pidierais/-seis, pidieran/-sen.

8 Cambian la **E>I** en 3ª persona de singular y plural los verbos que en presente diptongan (e>ie) y terminan en -IR.

PREFERIR: ´

prefirie-ron

prefiriera/-se, prefirieras/-ses, prefiriera/-se, prefiriéramos/-semos, prefirierais/-seis, prefirieran/-sen.

Para los usos de los tiempos del subjuntivo, ver Apéndice 2.

IMPERATIVOS

■ **FORMAS REGULARES**

	- AR	- ER	- IR
TÚ	- A	- E	- E
USTED	- E	- A	- A
VOSOTROS*	- AD	- ED	- ID
USTEDES	- EN	- AN	- AN

* siempre regulares

VIAJAR: viaja (tú), viaje (usted), viajad (vosotros), viajen (ustedes).
COMER: come (tú), coma (usted), comed (vosotros), coman (ustedes).
VIVIR: vive (tú), viva (usted), vivid (vosotros), vivan (ustedes).

El imperativo se forma a partir de la persona YO del presente de indicativo, añadiendo las terminaciones vistas más arriba.

RELACIÓN DEL IMPERATIVO CON EL SUBJUNTIVO

1 Las personas USTED, USTEDES tienen forma de subjuntivo.
　　Ej.:• **Oiga**, camarero, ¿podría traerme más pan, por favor?
　　　　• **Vengan** a visitarnos cuando quieran.

2 El imperativo negativo también tiene forma de subjuntivo.
　　Ej.:• **No vengas** tarde.
　　　　• **No digas** tonterías.

3 Cuando la orden empieza por QUE, también usamos el subjuntivo.
　　Ej.:• – Pásame la sal, por favor
　　　　– Perdona, ¿qué has dicho?
　　　　– **Que me pases** la sal.

4 La persona NOSOTROS/-AS también tiene forma de subjuntivo.
　　Cuando hacemos el imperativo de un verbo reflexivo, se pierde la -S.
　　• **Dejémos nos:**
　　Dejémonos de tonterías y hablemos claro.
　　• **Tranquilicémos nos:**
　　Tranquilicémonos para poder ver las cosas como son.

■ **FORMAS IRREGULARES**

	TÚ	USTED	VOSOTROS	USTEDES
CONTAR[1]	CUENTA	CUENTE	CONTAD	CUENTEN
DAR	DA	DÉ	DAD	DEN
PENSAR[2]	PIENSA	PIENSE	PENSAD	PIENSEN
CONOCER[3]	CONOCE	CONOZCA	CONOCED	CONOCAN
HACER	HAZ	HAGA	HACED	HAGAN
PERDER[4]	PIERDE	PIERDA	PERDED	PIERDAN
PONER	PON	PONGA	PONED	PONGAN
TENER	TEN	TENGA	TENED	TENGAN
TRAER	TRAE	TRAIGA	TRAED	TRAIGAN
VOLVER[5]	VUELVE	VUELVA	VOLVED	VUELVAN
CONDUCIR[6]	CONDUCE	CONDUZCA	CONDUCID	CONDUZCAN
DECIR	DI	DIGA	DECID	DIGAN
DORMIR[7]	DUERME	DUERMA	DORMID	DUERMAN
IR	VE	VAYA	ID	VAYAN
OÍR	OYE	OIGA	OÍD	OIGAN
PEDIR[8]	PIDE	PIDA	PEDID	PIDAN
PREFERIR[9]	PREFIERE	PREFIERA	PREFERID	PREFIERAN
SALIR	SAL	SALGA	SALID	SALGAN
VENIR	VEN	VENGA	VENID	VENGAN

^{1} y los verbos que o>ue y terminan en -AR.

^{2} y los verbos que e>ie y terminan en -AR.

^{3} y los terminados en -CER.

^{4} y los verbos que e>ie y terminan en -ER.

^{5} y los verbos que o>ue y terminan en -ER.

^{6} y los terminados en -UCIR.

^{7} y morir.

^{8} y los verbos que e>i y terminan en -IR.

^{9} y los verbos que e>i y terminan en -IR.

CUÁNDO USAMOS SER Y ESTAR

Usamos **SER**:

1 Para *generalizar* o *definir*
Para *caracterizar* o *describir, clasificar*.
Por eso lo necesitamos para expresar:

A) NACIONALIDAD.

    Ej.: • – ¿De dónde es Widar?
         – **Es finlandés** ¿no?

B) PROFESIÓN

    Ej.: •Tomás **es guía** desde hace poco.

C) MATERIA O MATERIAL

    Ej.: •El suelo de ese palacio **es de mármol**.

D) POSESIÓN O RELACIÓN

    Ej.: •Este grupo **es de Natalia**, no de Andrés.

E) DESCRIPCIÓN DE PERSONAS Y COSAS

    Ej.: •**Roger es rubio** y con un bigote enorme.
        •Hacer circuitos en verano **es absurdo** porque hace mucho calor.

2 Para las *expresiones de tiempo*.
Es de día, de noche, de madrugada, etc.
Ej.: • En verano, a las 10 de la noche, todavía es **de día**.

Para la fecha tenemos dos posibilidades:
Hoy **es 17**/hoy **estamos a** 17.

3 Para expresar cantidad
Es poco/mucho/bastante/demasiado, etc…

Usamos **ESTAR**:

1 Para *expresar estados* en que se encuentran los sujetos. ¡Claro!
Nos referimos a situaciones tanto físicas como emocionales.
Ej.: • ¡**Estoy muy cansado**...!
     • Esos clientes **están furiosos** con la compañía aérea.
     • **Estamos contentos** de que se haya ido ese pesado.
     • Ya **estoy harta** de todo esto.

2 Para *comparar una cualidad o o característica con otro momento*.
Ej.: • Córdoba **está más bonita** en primavera.

3 Para *expresar resultados*.
Ej.: • ¡**Ya está**! lo he terminado.
     • El hotel **está completo**, lo siento.

4 Para *expresar el aspecto de las personas y las cosas* percibido de manera subjetiva, en ese momento concreto.
Ej.: • El campo **está muy verde** para lo poco que ha llovido.
     • – ¿Has visto a Eustaquio?
       – Sí ¡**qué viejo está**! No lo había reconocido.

5 Para *expresar lugar*.
Ej.: • No sé **dónde estamos**, creo que me he perdido.
     • – ¿**Donde está** la Alhambra?
       – En Granada, ¡hombre!

Si para describir algo, queremos usar BIEN o MAL, en ese caso, utilizamos ESTAR, nunca SER.

Ej.: • La excursión ha ~~sido~~ bien.
　　　　　　　　ha estado bien.
　　　• Eso que haces ~~es mal.~~
　　　　　　　　está mal.

Si el sujeto es un evento, un hecho, un acontecimiento, usamos SER, nunca ESTAR.

Ej.: • La fiesta ~~está en el~~ salón azul.
　　　　　　　es en el salón azul.
　　　• La reunión ~~está en su despacho.~~
　　　　　　　es en su despacho.

DEFINIR, CARACTERIZAR

a) *Ser, tener, contar con, disponer de, ofrecer.*
　Ej.:•El hotel Amigo **es** moderno, pero muy acogedor, **tiene** todo lo necesario para hacerles disfrutar de unas vacaciones inolvidables; **cuenta con** saloncitos que invitan a la intimidad pero también **dispone de** salas de reuniones. No olviden que nuestro hotel **ofrece** además precios especiales para grupos y familias.

b) *con*
　Ej.:• Queremos una habitación **con vistas** al mar.
　　　• Deben recorrer el barrio antiguo **con sus callejas** y sus patios llenos de flores.

c) *de*
　Ej.:• Sólo trabajamos con restaurantes **de primera categoría**.
　　　• Para viajes de novios, nuestra oferta se basa en hoteles **de lujo**.

SITUAR

Estar (situado, ubicado), encontrarse, hallarse.

Ej.:•El hotel Amigo **se encuentra** en el centro histórico de la ciudad; **está** a muy pocos minutos de los monumentos más importantes y cuenta con un gran aparcamiento propio, lo cual le ofrece una mayor tranquilidad si usted nos visita con su propio coche.

GUSTAR, APETECER, ENCANTAR

OBJETO INDIRECTO	
me	
te	gusta + una cosa o una persona
le	gusta + una actividad (infinitivo)
nos	gustan + más de una cosa o más de una persona
os	
les	

Ej.: – ¿Os **gusta el hotel**?
　　　■ A mí no me gusta nada.
　　　● Pues a mí, me encanta.

Ej.: – A mí **me gusta pasear** por el monte
　　　■ Pues yo prefiero pasear por la playa.

Ej.: – ¿**Te gustan las instalaciones** del hotel?
　　　■ A mí no me gustan nada.
　　　● Pues a mí, me encantan.

Observa que cuando nos referimos a personas, el verbo GUSTAR va en 3ª persona de singular o plural si esas personas no están presentes, o cuando generalizamos.

Ejs.:• **Me gusta** el guía que tuvimos el otro día. (sing. *porque sólo hay un guía*).
　　　• **Me gustan las personas** con sentido del humor. (pl. *porque personas va en plural*).

Con todos estos verbos es muy frecuente empezar la frase con

A + **nombre**
A + **pronombre**

Ejs.: • **A Silke** no le interesa el arte abstracto.
 • **A muchos clientes** les molesta el humo.
 • **A mí** me encanta leer.

Los pronombres que acompañan al verbo: me; te; le; nos; os; les, nos dicen quién siente el gusto.

Ejs.: • **Me** gustan los museos (**yo** siento el gusto)
 • ¿**Os** gustan los españoles? (**vosotros** sentís el gusto)
 • **A mi grupo** le gusta mucho hacer excursiones. (**el grupo**/las personas del grupo siente/sienten el gusto)

¡OJO!
Observad que el singular o plural de los pronombres no influye en el verbo.

Ejs.:• A los españoles **les gusta** salir por la noche. (pronombre en plural, verbo en singular)
 • A mi jefa no **le gustan** las personas que llegan tarde. (pronombre en singular, verbo en plural)

Para expresar una opinión o una valoración sobre una actividad, lugar, persona, etc., usamos gustar, parecer, encantar en p. perfecto o indefinido.

Ejs.: – ¿Qué os ha parecido la excursión?
 ■ A mí **me ha encantado**.
 ● A mí **me ha parecido** un poco cansada.

 – ¿Conoces Córdoba?
 ■ Sí, estuve allí el año pasado y **me gustó** muchísimo.

Funcionan igual que gustar: MOLESTAR, DOLER, PARECER, etc.

EXPRESAR TIEMPO

A Para preguntar usamos:

1 ¿Cuándo+presente/pasado o futuro?

Ejs.: – ¿Cuándo llega el autobús?
 – ¿Cuándo llegaron esos clientes?
 – ¿Cuándo llegará la guía?

2 ¿Desde cuándo+presente?

Ejs.: • ¿Desde cuándo trabaja usted en este hotel?
 • ¿Desde cuándo no fumas?

3 ¿Cuánto tiempo llevas+gerundio/expresión de lugar/participio/adjetivo...?

Ejs.: • ¿Cuánto tiempo lleva trabajando en este hotel?
 • ¿Cuánto tiempo lleva aquí, como director?
 • ¿Cuánto tiempo llevan ustedes casados?

4 ¿Cuánto tiempo hace que+presente/pasado ?

Ejs.: • ¿Cuánto tiempo hace que trabaja usted en este hotel?
 • ¿Cuánto tiempo hace que llegaron esos clientes?

B Para responder usamos:

1 Para referirnos al principio de los hechos:

		día, mes, año.
DESDE	**+**	sustantivo
		que + verbo.

Ejs.: Estamos aquí **desde** el lunes
desde julio
desde 1992
desde el mes pasado
desde que encontramos
un trabajo.

2 Para referirnos a la cantidad total de tiempo usamos:

2.1. Verbo LLEVAR en presente+cantidad de tiempo+gerundio+(lugar, actividades, gerundio, participio, adjetivo)

Ejs.: • Llevo un año y medio, aquí, en Málaga.
• Llevo veinte años de profesora.
• Llevamos tres semanas estudiando español juntos.
• Llevamos dos horas sentados.
• Lleva tres días enferma.

La forma negativa es:
Verbo LLEVAR en presente+cantidad de tiempo+sin+infinitivo.

Ejs.: • Llevo más de cinco años sin fumar.
• Ahora no recuerdo cuánto tiempo llevo sin ir al teatro.

2.2. HACE+cantidad de tiempo.

Ejs.: • Estoy aquí hace seis meses.
• Vivo con mi novio/-a hace dos años.
• Enseño español hace veinte años.

2.3. HACE+cantidad de tiempo+que+frase.

Ejs.: • Hace seis meses que estoy aquí.
• Hace dos años que vivo con mi novio/-a.
• Hace 20 años que enseño español.

3 Para referirnos a una acción futura desde el presente usamos:

3.1. DENTRO DE+cantidad de tiempo.

Ejs: • El autobús **saldrá dentro de dos horas**.
• Tendremos los nuevos precios **dentro de tres semanas**.

3.2. Idea de futuro+cuando/en cuanto +presente de subjuntivo.
o
Cuando+presente de subjuntivo+ idea de futuro.

Ejs.: • – Kerstin, ¿**estarás** aquí **cuando vuelva** el año que viene?
■ Espero que sí.

• – Por favor, **cuando pueda**, (**prepáreme**) la cuenta.
■ En seguida, señora.

• El señor Porteiro no está, pero **le daremos su mensaje en cuanto llegue**.

4 Para relacionar dos hechos pasados usamos:

4.1. Al día /a la semana/al mes/al año… siguiente.

Ejs.: • ¡Qué encantadora es la chica de la recepción! Le preguntamos si podía conseguirnos unas entradas para el concierto y **al día siguiente ya las teníamos**.

• El mes pasado tuvimos unos clientes muy raros. Nos hicieron cambiar un montón de cosas en la habitación y **se fueron al día siguiente**.

EXPRESAR OBLIGACIÓN Y NECESIDAD

Para expresar obligación podemos usar:

Tener que+infinitivo.
Si la obligación tiene carácter personal.

Ejs.: • Para que les devuelvan el dinero **tienen que presentar** el billete en la agencia de viajes antes del sábado próximo.
• **Tenemos que enviar** esos precios cuanto antes, ya estamos en octubre.
• Los interesados en la excursión del sábado **tienen que reservar** su plaza sin falta mañana por la mañana.

Hay que+infinitivo.
Si la obligación tiene carácter impersonal o generalizador.

Ejs.: • Para atender al público **hay que mantener** la sonrisa constantemente.
• Perdón, señores, este ascensor no funciona, **hay que usar** el otro.
• En esta región **hay que probar los quesos**, son excelentes.

Deber+infinitivo.
Si la obligación no se nos impone sino que nace de nosotros mismos.

Ejs.: • **Debemos esforzarnos** más si no queremos perder el mercado.
• ¿Qué **debo hacer**? ¿Contarle al jefe todo lo que he visto o callarme?
• La puerta corta-fuego **no se debe abrir** nunca en caso de incendio.

 ¡OJO!
Estas fórmulas también se usan para aconsejar y sugerir.

EXPRESAR CORTESÍA

Poder infinitivo en presente o en condicional, sobre todo en preguntas.

Ejs.: • ¿En qué **puedo servirles**, señores?
• ¿**Pueden dejarme** sus pasaporte, por favor?
• ¿**Podría decirnos** si hay por aquí una oficina de turismo?

Imperfecto.

Ejs.: • Buenos días, ¿qué **deseaba**?
• **Quería** una habitación con vistas al mar.

Condicional.

Ejs.: • **Necesitaría** un taxi para mañana a las 7,30h.
• ¿**Nos traería** ya la cuenta, por favor?
• Por favor, ¿**me subirían** una botella de champán a la habitación?

EXPRESAR DUDA, SUPOSICIÓN Y PROBABILIDAD

probablemente
posiblemente   **+ INDICATIVO/SUBJUNTIVO**
quizá

Ej.: • – **Probablemente no estaremos** a la hora de la cena.
▪ No se preocupen, **quizá podamos** prepararles una cena fría.

lo más seguro
lo más probable es que   **+ SUBJUNTIVO**

Ej.: • – ¿Cómo es que no han desayunado los de la 317?

■ **Lo más seguro es que se hayan ido** de excursión muy temprano.

Ej.: • – Necesitamos 20 personas como mínimo para la excursión del viernes.
   ■ ¡Tranquilo, hombre! **Lo más probable es que salgan** muchas más.

supongo/suponemos imagino/imaginamos	+que+INDICATIVO

creo me parece seguramente	+ INDICATIVO

Ejs.: • El télex no lo dice, pero **suponemos que este grupo tiene** las bebidas incluidas en el programa.
   • No estoy seguro, pero **me parece que** la reserva de los Lux **no está hecha** todavía.
   •– ¿Qué tiempo hará el fin de semana?
   ■ **Seguramente hará bueno**, aquí llueve muy poco.

Futuro simple para referirnos al presente.

Ejs.: •–¡Qué raro! No hay nadie esperando el autobús.
   ■ **Estarán dentro**, a esta hora todavía hace fresco para esperar fuera.

   • Mira, ahí hay unos viajeros con cara de perdidos, ¿**serán esos** los que esperábamos?

Futuro perfecto para referirnos a algo inmediatamente anterior al presente (al p. perfecto)

Ejs.: •–El grupo que viene de Amberes no **ha llegado** todavía.
   ■ **Habrán salido** con retraso por culpa de la niebla.

• La familia Zurita **no se ha presentado** a la hora, ¿**se habrán perdido**?

COMPARAR

Elementos distintos.

A)
más/menos + adjetivos + que
sustantivos
adverbios

Ejs.: • El año pasado tuvimos **más** reservas **que** este año.
   • Antes los turistas eran **menos** exigentes **que** ahora.
   • Barcelona queda **más** lejos de aquí **que** Valencia.

B) Más/menos que

Ejs.: • Este hotel me gusta mucho **más que** el del año pasado.
   • Aquí se fuma **menos que** antes, verdad?

A esta estructura se le puede anteponer: cantidad + veces.
Ejs.: • Victoria fuma **tres veces más que** antes.

C) Comparativos irregulares.

bueno/bien	mejor
malo/mal	peor
grande	mayor/más grande
pequeño	menor/más pequeño
alto	superior/más alto
bajo	inferior / más bajo

OJO:
Mayor y menor se pueden referir al tamaño o a la edad. Ninguno de estos comparativos tiene femenino, pero sí plural.

Ejs.: • Desde que estoy aquí las cosas me van **mejor que** antes.
- Estas habitaciones parecen iguales, ¿verdad?
  ■ Yo creo que la tuya es **mayor/más grande que** la mía.

OJO:
Superior e inferior no se usan para referirse a la altura de las personas.
Se usan mucho más sin segundo término de la comparación.
Normalmente no llevan detrás **que**, sino **a**.

Ejs.: • Las clases **superiores** siempre han tenido más privilegios.
- Me han dado una habitación de calidad **inferior a** la que yo había pedido.

D) Más/menos/mejor/peor de lo que/de lo + PARTICIPIO.

Usamos de lo/los/las que cuando comparamos algo concreto con una idea y no con otro elemento concreto.

Ejs.: • Este año han venido **más turistas de los que esperábamos**.
- Verás que el hotel **es mejor de lo que tú crees**.
- Hay **menos gente de la prevista**.

E) Diferente(s)/distinto/a(s) + a/de

Ejs.: • No podemos aceptar su reclamación porque su caso es **distinto al de sus amigos**, ellos habían hecho una reserva.
- Este hotel es muy **diferente del otro**.

Elementos iguales

A) tan+adjetivos/adverbios+como

Ejs.: • El hotel Paraíso es **tan bonito como** me había imaginado.
- Nuestro hotel está **tan lejos como** el suyo, pero nunca llegamos tarde.

B) igual (de+adjetivos/adverbios)+que

Ejs.: • El hotel Paraíso es **igual de caro que** el otro, pero el servicio es mejor.
- Nuestro hotel está **igual de lejos que** el suyo, pero nunca llegamos tarde.
- En el fondo las cosas son **igual que** siempre: si los clientes están contentos, todo está bien.

C) tanto/a(s)+(sustantivos)+como

Ejs.: • Para nosotros no hay crisis, tenemos **tantos clientes como** otros años.
- Prefiero la otra habitación, tiene **tanta luz como ésta**, pero la vista allí es más bonita.
- Los turistas de antes no exigían **tanto como** los de ahora.

D) lo/el/la mismo/-a/-os+(sustantivos)+que

Ejs.: • Les ofrecemos **lo mismo que** las otras agencias, pero nuestros precios son más competitivos.
- Este año tenemos **los mismos precios** que el año pasado, es una oferta especial por nuestros 25 años en el sector.

E) Verbo + como

Ejs.: • Nos **tratan como** a reyes, ¿verdad?
  • Me encanta el turismo rural, tengo la impresión de **vivir como mis abuelos**, pero con algunas ventajas de estos tiempos, claro.

APÉNDICE A2

162

USOS DE LOS TIEMPOS

USAMOS EL PRETÉRITO PERFECTO

Para referirnos a la unidad de tiempo en la que todavía está el hablante.

Ejs.:
- **Hoy hemos ido** de excursión a Toledo.
- **Este año ha aumentado** el número de turistas en España.
- **Esta semana no he hecho** ningún circuito.

Para hacer preguntas sin especificar a qué momento del pasado nos referimos.

Ejs.:
- ¿**Has estado alguna vez** en Cuba?
- ¿**Han recibido** ustedes nuestro nuevo catálogo?
- ¿**Les ha gustado** el hotel?
- ¿**Cuándo han abierto** este hotel?

Para referirnos a sucesos o hechos que consideramos en relación con el presente.

Ejs.:
- **Últimamente** el servicio de este hotel **ha mejorado** mucho.
- **Hasta ahora no he conocido** ningún inglés al que le guste la carne cruda.
- El autocar **todavía no ha llegado**.

Para referirnos a un pasado inmediato usamos el p. perfecto o el presente de ACABAR+DE+INFINITIVO.

Ejs.:
- Perdone, ¿**qué ha dicho**? No le he oído bien.
- ¡Qué ruido tan grande! ¿**Qué ha pasado**?
- Señor Robles, el señor Jiménez **acaba de llegar**.
  - ■ Muy bien, que pase.

163

¡OJO!

Para preguntar y dar una opinión también podemos usar el p. perfecto. (ver GUSTAR)

Ejs.: • – ¿Qué les ha parecido nuestra decoración?
- ■ **A mí me ha encantado**.
- ● Sí, está bien, pero **la he encontrado** algo impersonal.

USAMOS EL IMPERFECTO

Para expresar costumbres en el pasado.

Ejs.: • **Cuando era** estudiante, **trabajaba** en un restaurante.
- • En los años sesenta, **estaba** de moda el Fiat 600.

Para expresar costumbre también podemos usar el verbo soler.

Ejs.: • Cuando iba de vacaciones a España, **solía ir** a nadar todos los días.
- • Cuando estudiaba en la Universidad **solía jugar** al tenis los fines de semana.

Para referirnos a las circunstancias, a lo que no es acción, a lo estático, a lo que ya estaba ocurriendo cuando alguien hizo algo o cuando pasó algo.

Ejs.: • Cuando he entrado en la tienda, **no había nadie**.
- • **Estaba** muy cansado y por eso me acosté.
- • No me he levantado temprano porque **no tenía** que trabajar.

Para describir las características de personas, cosas y lugares.

Ejs.: • – La antigua directora de este hotel **era una persona** seria y eficiente.
- ■ Claro, por eso la han ascendido.

• Queremos, si es posible, la misma habitación de nuestra luna de miel; **daba** al jardín, **tenía** salida directa y una vista preciosa.

En fórmulas de cortesía.
(Ver Condicional)

Ejs.: • – Buenos días, ¿puedo ayudarles?
- ■ Pues sí, **queríamos** saber las ofertas que tienen para estas navidades.

• – ¿Qué **deseaban**, señores?
- ■ Hablar con la persona responsable.

USAMOS EL INDEFINIDO:

Para hablar de cantidades de tiempo determinadas.

Ejs.: • El sábado **estuve todo el día** en Madrid trabajando
- • **Viví** allí más o menos **tres años**.

Para contar los hechos, las acciones como algo independiente, no como costumbres.

Ejs.: • **Nos conocimos un domingo** y nos hicimos amigos.
- • **Me encontré** con Pepe, casualmente, hace unos meses.

Cuando hay varias acciones, usamos el indefinido para ordenarlas.

Ejs.: • Primero **llegué** a casa, **me puse** cómoda y luego **lo llamé**.
• **Me compré** un coche, **me saqué** el carné y **empecé** a buscar trabajo.

USAMOS EL PLUSCUAMPERFECTO

Para referirnos a una acción pasada anterior a otra también pasada.

Ejs.: • **Había reservado** una doble y me han dado una individual. (U. 5)

• El servicio de ese hotel es excelente, en nuestra habitación teníamos fruta y champán, y eso que **no habíamos pedido** nada especial.

A menudo el p. pluscuamperfecto es sustituido por el indefinido excepto si se produce alguna confusión en la información.

Ejs.: • No tuvimos problemas, nos colocaron en la habitación que **tuvimos (habíamos tenido)** la primera vez.

Pero: • Cuando el guía llegó, los clientes **se fueron**.

no significa lo mismo que:
• Cuando el guía llegó, los clientes **se habían ido**.

USAMOS EL FUTURO:

Para anunciar lo que creemos que va a ocurrir.

Ejs: • Mañana **le cambiaremos** de habitación, señor Schmitt. (U. 5)
• Han dicho por la tele que **tendremos** muy buen tiempo.

Para prometer, afirmar que ocurrirá algo; este caso aparece mucho en la publicidad.

Ejs.: • No se olvide de probar las especialidades gastronómicas de la región, **aprenderá** más que en cualquier museo. (U.9)
• En nuestros mapas de carretera **encontrará** toda la información necesaria sobre los mejores itinerarios y las mejores paradas donde **podrá** descansar y degustar la mejor cocina regional. (U.9)

Para preguntar o contestar cuando no estamos seguros, queremos mostrar duda.

Ejs.: • ¡Qué mala cara tiene el jefe! ¿**Estará** enfermo?

• – ¿Qué hora es?
– No tengo reloj, pero **serán** las 9 o las 9,30h.

Unido a YA lo usamos para retrasar, posponer algo.

Ejs.: • – Hay que traducir esos contratos.
■ Ahora no tengo ganas, **ya lo haré**.

• Acepto las compensaciones y **ya veremos mañana** (U.5)

USAMOS EL FUTURO PERFECTO

Para expresar una acción futura anterior a otra también futura.

Ejs.: • No se preocupen por el ruido, señores, para cuando ustedes lleguen, la mayoría de los niños ya **se habrá ido**.

• No se sabe todavía si para las 12 de la noche **el vuelo habrá salido**.

Para preguntar o contestar mostrando suposición o duda respecto a algo recientemente pasado.

Ejs. • – ¿Por qué no **ha llegado** el guía?
■ Es muy extraño porque **no ha llamado**, ¿**habrá tenido** una avería?
– Esperemos que no.

• – Nos faltan los señores Escribano y los García.
■ **Se habrán perdido**.

USAMOS EL CONDICIONAL:

Para expresar una acción futura respecto al pasado.

Ejs.: • (Por teléfono)
No se preocupen, señores, no hay problema, les pondremos una cama supletoria.
(un mes después)

• – ¡Cálmense! ¿Cuál es el problema?
■ Que ustedes **dijeron que pondrían** una cama supletoria sin problema y ahora tenemos que pagarla extra.

Para sugerir, dar consejos, o expresar deseos que nos gustaría realizar.

Ejs.: • – ¿Qué se puede hacer esta noche sin ir demasiado lejos?
■ ¿Esta noche? Pues… **podrían ir** a un tablao flamenco; hay uno muy bueno cerca del hotel.

• Cuesta, **debería ser** usted más amable con esos clientes o tendremos problemas con ellos.

• ¡Cómo **me gustaría** estar en este maravilloso hotel como cliente y no trabajando.

Para expresar condiciones o hipótesis como imposibles o improbables de realizar.

Ejs.: • Si hubiera algún problema, la agencia **correría** con los gastos.
• Mire, usted puede hacer lo que quiera, por supuesto, pero yo en su lugar, **reclamaría**.
• Yo **no haría** ese viaje en verano, hay demasiada gente.

En fórmulas de cortesía.
(Ver Imperfecto)

Ejs.: • **Necesitaría** cambiar algo de dinero. ¿**Podría** hacerlo ahora? (U.1)
• **Querría** una habitación tranquila. (u.1)

USAMOS EL CONDICIONAL PERFECTO:

Para expresar condiciones o hipótesis imposibles de realizar en el pasado.

Ejs.: • – ¿Qué tal la visita?
■ Fatal, ha hecho mucho calor, había mucha gente...
– Lo siento mucho, pero ya les dije que, yo en su lugar, **no habría ido**.

• De haber sabido que el hotel estaba en obras, **habríamos elegido** otro momento para ir.

Para expresar que consideramos probable algo pasado anterior a otro hecho también pasado.

Ejs.: • Los Eder no fueron a la excursión porque ya **habrían visto** esa ciudad, de todas maneras, les preguntaré.

• – ¿Te fijaste? Algunos de los del primer autocar no cenaron anoche.
■ Es verdad, probablemente **habrían cenado** por su cuenta.

CONCORDANCIAS TEMPORALES

Verbo principal en presente.

INDICATIVO

Creo que...

...ese hotel **es** excelente.
...los clientes **llegarán** pasado mañana.
...los de la 104 todavía no **se han ido**.
...para esa fecha **habremos terminado** la remodelación.
...ese fax **llegó** la semana pasada.
...**sería** una buena oferta.
...yo **habría elegido** otro sitio.

SUBJUNTIVO
No creo que...

...ese hotel **sea** tan bueno.
...los clientes **lleguen** pasado mañana.
...los de la 104 **se hayan ido** todavía.
...para esa fecha **hayamos terminado** la remodelación.
...ese fax **llegara** la semana pasada.
...**fuera** una buena oferta.
...yo **hubiera elegido** otro sitio.

Verbo principal en pasado /condicional.

INDICATIVO
Creía/creí que...

...ese **era** un buen hotel.
...los clientes **llegarían** pasado mañana.
...los de la 104 no se **habían ido** todavía.
...para esa fecha habríamos terminado.
...ese fax **había llegado** la semana pasada.
...**sería/habría sido** una buena oferta.

SUBJUNTIVO
No creía/creí que...
Me gustaría que...

...ese **fuera** un buen hotel.
...los clientes **llegaran** tan pronto/pasado mañana.
...los de la 104 se **hubieran ido** ya.
...para esa fecha **hubiéramos terminado**.
...ese fax **hubiera llegado** la semana pasada.
...**fuera/hubiera sido** una buena oferta.

USAMOS EL SUBJUNTIVO:

Para pedir que otros hagan cosas, es decir con verbos que expresan influencia.

Ejs.: • Te agradezco que **me hagas** unas propuestas de actividades extra y **me indiques** el suplemento correspondiente.
• Lola García **le pide** a Ana Lara **que le reserve** un coche de categoría A.
• Les **ruego que me informen** de su decisión.

Para dar consejos y recomendar.

 ¡OJO!
A veces los consejos se dan en IMPERATIVO o con ES MEJOR/PREFERIBLE+que. También con el CONDICIONAL.

Ejs.: • Le(s) **sugiero que visiten** el casco antiguo, es una verdadera joya.
• Le(s) **recomiendo que prueben** la merluza; está fresquísima (U.2)
• Permítanme **un consejo**: **no vayan** solos, puede ser peligroso.
• **Lleven** un jersey o algo de abrigo, en Ronda hace más fresco que aquí.
• En mi opinión **es mejor que visiten** la Alhambra entre semana en lugar del sábado, habrá menos gente.
• **Deberían** visitar la Alhambra entre semana, habrá menos gente.

Detrás de expresiones de deseo.

Ejs: • **Que tengan** un buen viaje.
• **Que aproveche**.
• **Que se diviertan**.
• **¡Ojalá tengamos** buen tiempo!

• **Nos gustaría que se fueran satisfechos** de nuestros servicios.

Detrás de los siguientes verbos:

Necesito/necesita ..
Espero/esperemos/esperamos...
Quiere/quieren...   que+verbo
Deseo/deseamos ...
Me/nos alegra...

Ejs.: • **¿Quiere que le haga** la reserva? (U.4)
• **¿Quiere que vayan** a recogerle al aeropuerto?
• **¿Desean que les aconsejemos** sobre las posibilidades de la región? (U.4)
• **Necesito que me despierten** mañana a las 6,30 h. (U.6)
• **Espero que volvamos** a vernos el año que viene. (U.8)
• Le **deseo que tenga** un buen viaje. (U.8)
• **Me alegra que lo hayan** pasado bien.

OJO:
Menos mal que se construye con **indicativo** porque hace referencia a algo constatado: es una información.

Ejs.: • ¡Qué cantidad de gente hay! **Menos mal que habíamos reservado** la habitación con antelación.
• No me he traído paraguas, **menos mal que no está lloviendo**.

Detrás de CUANDO/EN CUANTO/MIENTRAS si se refieren al futuro.

Ejs.: • **Cuando estén instalados**, ¿pueden dejarme sus pasaportes? (U.1)

- Puede pasar a recoger su bono **cuando quiera**. (U.4)
- Por favor, que llame a la oficina **en cuanto vuelva**. (U.7)
- Nos gustaría mucho incluir su hotel en nuestro catálogo, pero no podemos hacerlo **mientras no rebajen** sus precios.

¡OJO!

Si **cuando** aparece solo, en preguntas, no lleva subjuntivo.

Ejs.:
- **¿Cuándo sale** el autobús para Toledo?
- **¿Cuándo me cambiarán** de habitación?
- **¿Cuándo estaría** disponible la habitación?

Detrás de construcciones con SER/RESULTAR/PARECER + cualquier palabra distinta de VERDAD/EVIDENTE/SEGURO + que.

(No)
Es…
Resulta…
Parece…

		SUBJUNTIVO
…una pena	que	…**no puedan** quedarse más
…lamentable	que	tiempo.
…inútil	que	…un hotel de su categoría
…una buena idea	que	**tenga** un servicio tan mal.o
…interesante	que	…les **ofrezcamos** a los clientes
…intolerable	que	esa compensación por las
…mejor	que	molestias.
…importante	que	…**presten** atención a las
…peor	que	recomendaciones del guía
etc.		local.

Es…
Resulta…
Parece…

		INDICATIVO
…verdad/cierto	que	…en el folleto decía que todas
…evidente/obvio	que	las habitaciones tenían aire
…seguro/claro	que	acondicionado, pero…
		… aquí la gente se divierte mucho

PERO:

No es…
No resulta…
No parece…

		SUBJUNTIVO
…verdad/cierto	que	…en el folleto dijera que todas
…evidente/obvio	que	las habitaciones tenían
…seguro/claro	que	aire acondicionado.
		…aquí la gente se divierta mucho.

Detrás de PARA QUE.

Ejs.:
- ¿Qué tengo que hacer **para que me despierten** mañana? (U.6)
- Toma, Kerstin, esto es para ti, **para que te compres** algo. (U.8)

En frases de relativo:

A) Cuando nos referimos a cosas o hechos que ignoramos o no se han producido todavía.

Ejs.:
- Esperamos tus sugerencias para la organización de **cualquier otro evento que consideres** de interés.
- Para el grupo de referencia **necesitamos un guía que hable** ruso.
- Buscamos un colaborador que haya trabajado en una agencia receptiva.
- Kerstin esto es para ti, para que te compres algo que te guste.

B) Cuando negamos la existencia de algo.

Ejs.:
- No conocemos **ningún T.O.** que **haga** ese tipo de ofertas.
- No, lo sentimos en este momento **no hay ningún circuito que siga** ese recorrido.

ESTILO INDIRECTO

Los verbos que introducen el estilo indirecto son: DECIR, CONTAR, PREGUNTAR, EXPLICAR, QUE-JARSE, etc.

Cuando el verbo introductor está en PRESENTE.

1 No cambia ningún tiempo, excepto el IMPERATIVO, que pasa a PRESENTE DE SUBJUNTIVO.

2 Cambiar de lugar afecta a los pronombres, a las expresiones temporales o de lugar, a los demostrativos, a algunos verbos, etc.

Ejs.: • **Nos** gustaría cenar a las seis.
> *Estos clientes **dicen** que* **les** *gustaría cenar a las seis.*
• Ya estamos de vuelta en casa y **aquí** llueve y hace frío.
• Los Eder **cuentan que allí**, en su país, llueve y hace frío.
• Para **ir** a Sierra Nevada en agosto, ¿es necesario **llevar** ropa de abrigo?
(Hotel situado en Sierra Nevada)
> *Algunos clientes **preguntan** si tienen que traer ropa de abrigo si **vienen** en agosto.*

¿Qué dices/dice/dicen?
Digo/dice/dicen que…

Frase en presente de indicativo o subjuntivo.	*Presente de indicativo o subjuntivo.*
Ese hotel **es** una maravilla.	(que) el hotel **es** una maravilla.
¿Quiere que le **haga** la reserva?	(que) si quiere que le **haga** la reserva.
Frase en pretérito perfecto de ind. o subj.	*Pretérito perfecto de indicativo o subjuntivo.*
Lo **hemos pasado** estupendamente en su hotel.	(que) lo **han pasado** estupendamente en el/nuestro hotel.
Me extraña que el guía no **haya llegado** todavía.	(que) me/le extraña que el guía no **haya llegado** todavía.
Frase en futuro simple o perfecto.	*Futuro simple o perfecto*
Dentro de unos días **les enviaremos** unas fotos de la fiesta de despedida.	(que) dentro de unos días nos **enviarán** unas fotos de la fiesta de despedida.
Cuando lleguemos, ¿**habrán terminado** las obras de remodelación?	(que) si **habremos terminado** las obras cuando ellos lleguen.
Frase en imperfecto de ind. y subj.	*Imperfecto de indicativo y subjuntivo.*
Mi reclamación se basa en que el hotel no **tenía** las comodidades ofrecidas.	(que) su reclamación se basa en que el hotel no **tenía** las comodidades ofrecidas.
Necesitaríamos que la habitación **estuviera** adaptada para minusválidos.	(que) necesitarían que la habitación **estuviera** adaptada para minusválidos.
Frase en indefinido	*Indefinido*
Llegamos el día que habíamos anunciado, pero no teníamos habitación reservada.	(que) **llegaron** el día que habían anunciado y/pero que no tenían habitación reservada.

Frase en pluscuamperfecto de ind. o subj.	*Pluscuamperfecto de ind. o subj.*

Frase en pluscuamperfecto de ind. o subj. ⟷ *Pluscuamperfecto de ind. o subj.*

Llegamos el día que **habíamos anunciado,** pero que no teníamos habitación reservada.
Nos gustaría que **nos hubieran avisado** de todo esto antes.

(que) llegaron el día que **habían anunciado,** pero (que) no tenían habitación reservada.
(que) les gustaría que **les hubieran/hubiéramos avisado** antes.

Frase en condicional simple o perfecto. ⟷ *Condicional simple o perfecto.*

Nos gustaría que **nos** hubieran avisado de todo esto antes.
Habríamos reclamado a la agencia local, pero nunca estaba el responsable.

(que) **les gustaría** que **les** hubieran/hubiéramos avisado antes.
(que) **habrían reclamado** a la agencia local, pero nunca estaba el responsable.

Frase en imperativo. ⟷ *que+presente de subjuntivo.*

¡**Pásame,** por favor la oferta para Planet!
Envíen el dinero al número de cuenta adjunto. Gracias.

(que) **le pase** la oferta para Palnet.
(que) **enviemos** el dinero al número de cuenta que nos adjuntan.

☞ ¡OJO!
Las expresiones de obligación siguen la misma regla.
Se transforman dependiendo del tiempo en que estén. Si en la respuesta desaparece
la expresión de obligación, aparece el subjuntivo de presente.

digo/dice/dicen que

Tenemos/hay que contestar a ⟷ **tenemos/hay que contestar** a esa
esa reclamación. reclamación.
(que) **contestemos** a esa reclamación.

Teníamos/había que haber ⟷ **Teníamos/había que haber**
contestado antes. **contestado** antes.

Cuando el verbo introductor está en PASADO.

1 Si te refieres a algo escrito, una postal, una carta, un periódico, etc., el verbo introductor suele estar en IMPERFECTO.
Ej.: • La postal de los Kasza **decía** que nos daban las gracias por nuestra amabilidad.

2 Al cambiar de tiempo y lugar hay otros elementos de la frase que también hay que transformar.

aquí	ahí/allí	mañana		al día siguiente
este	ese/aquel	por ahora		hasta entonces
hoy	ese/aquel día	dentro de		al cabo de/después de
ahora	→ entonces	pasado mañana	→	dos días después
ayer	el día anterior	venir		ir
ir	venir	traer		llevar
llevar	traer			

3 Si lo que repite otra persona sigue siendo válido, no es necesario cambiar los tiempos de la primera frase.

Ejs.: • Nos gustaría cenar a las seis.

Estos clientes dicen que les gustaría cenar a las seis.

• Ya estamos de vuelta en casa y aquí llueve y hace frío.

*Los Eder cuentan que **allí**, en su país, **llueve** y **hace** frío.*

• Para ir a Sierra Nevada en agosto, ¿es necesario llevar ropa de abrigo?
(Hotel situado en Sierra Nevada)

Algunos clientes preguntan si tienen que traer ropa de abrigo si vienen en agosto.

¿Qué dijo/decía/había dicho?
Dijo/decía/había dicho que…

Frase en presente de ind. o subj. Imperativo. ←→	*Imperfecto de ind. o subj. Imperfecto de subj.*
Les damos las gracias una vez más por **su** amabilidad.	(que) **nos daban** las gracias por **nuestra** amabilidad.
¿Es necesario que **enviemos** todo el dinero por adelantado?	(que) si era necesario que **enviaran** todo el dinero por adelantado.
Envíen el dinero al número de cuenta adjunto. Gracias.	(que) **enviáramos** el dienro al número de cuenta que nos adjuntan.

Frase en futuro simple o perfecto. ←→	*Futuro simple o perfecto*
Dentro de unos días les **enviaremos** unas fotos de la fiesta de despedida.	(que) dentro de unos días nos **enviarán** unas fotos de la fiesta de despedida.
Cuando lleguemos, ¿**habrán terminado** las obras de remodelación?	(que) si **habremos terminado** las obras cuando ellos lleguen.

Frase en pretérito perfecto de ind. o subj. ←→	*Pluscuamperfecto de ind. o subj..*
Allí lo **hemos pasado** estupendamente.	(que) **aquí** lo **habían pasado** estupendamente.
Nos parece increíble que no **hayan hecho** nada con respecto a **nuestra** reclamación.	(que) **les** parecía increíble que no **hubiéramos hecho** nada con respecto a **su** reclamación.

Frase en indefinido ←→	*Pluscuamperfecto o no cambia.*
Enviamos la reserva hace tres semanas.	(que) **habían enviado/enviaron** la reserva hacía/hace tres semanas.

Frase en imperfectos; condicionales pluscuamperfectos ←→	*No cambian.*
La habitación no **tenía** las comodidades ofrecidas.	(que) la habitación no **tenía** las comodidades ofrecidas.
Aunque **habíamos reservado** no teníamos habitación.	(que) aunque **habían reservado** no tenían habitación.
Nos gustaría estar en la misma habitación del año pasado. etc.	(que) **les gustaría** estar en la misma habitación del año anterior. etc.

EXPRESAR CONDICIONES

En español hay muchas fórmulas para expresar la condición. Veamos algunas

SI

1 Frases referidas al presente

A) realización posible

Si + presente +
presente/futuro/imperativos/condicional

- **Si** los clientes **se quejan, solemos escuchar** sus sugerencias.
- **Si se levantan** una hora antes, **tendrán** tiempo de sobra para llegar.
- **Si van a hacer** solos ese recorrido, por favor **sean** prudentes y **tengan** cuidado.
- **Si están** interesados en el arte popular, **deberían** visitar esos pueblecitos.

B) realización imposible

Si + imperfecto de subjuntivo +
condicional simple

- **Si estuviéramos** en otro hotel, no **tendríamos** este tipo de problema.
- **Si formaran parte** de este grupo también **podrían** asistir.

2 Frases referidas al pasado

A) realización posible

Si + pretérito perfecto +
futuro/imperativo/condicional

- **Si** el otro autocar **ha llegado** antes que nosotros, nos **esperará** en el sitio de siempre.
- **Si han tenido** algún problema durante su estancia, por favor, **hágannoslo** saber.
- **Si** ya **han hecho** sus compras, por favor, **suban** al autocar.
- Señores, **si ya han hecho** sus compras, **deberíamos** marcharnos antes de que caiga la niebla.

B) realización imposible

Si + pluscuamperfecto de subjuntivo +
condicional perfecto

- **Si** nos **hubiera avisado, habríamos ido** a esperarle al aeropuerto.
- **Si** la reclamación **se hubiera hecho** en su momento, **habríamos podido** atenderla con mucho gusto.

3 Frases referidas al futuro

La misma frase se puede entender de dos maneras, dependiendo de la seguridad del que habla.

A) realización posible

Si + presente +
futuro/imperativo/condicional

- **Si** el avión **llega** con retraso, les **esperaremos** de todas maneras en el aeropuerto.
- **Si no les interesa** el espectáculo flamenco, **podemos** ofrecerles un concierto de jazz.

B) realización poco probable

Si + imperfecto de subjuntivo+
condicional/presente/futuro

- **Si** el avión **llegara** con retraso, les **esperaremos/esperaríamos** de todas maneras en el aeropuerto.
- **Si no les interesara** el espectáculo flamenco **podemos/podríamos** ofrecerles un concierto de jazz.

Para expresar la condición, en español hay otras posibilidades:

1 En caso de + infinitivo
En caso de que + subjuntivo $\quad$ + frase principal

Se usa esta estructura cuando nos parece improbable la realización de la condición.

Ejs.: • El restaurante está abierto a partir de las 7,30 h. **En caso de querer** desayunar más temprano, los clientes **deberán ir** a la cafetería.
• **En caso de que avión llegue** con retraso, **les esperaremos** de todas maneras en el aeropuerto.

2 De + infinitivo simple, frase principal

Es una variante de la anterior (en caso de) + infinitivo.

Ejs.: • **De estar** en otro hotel, **no tendríamos** este tipo de problemas.
• **De formar** parte del grupo, también **podrían** asistir.
• Hable usted con la jefa de recepción; **de no estar** ella, **hable** con el señor Domínguez.

3 Yo, en su lugar + frase principal

Equivale a: *si yo fuera usted/tú*
si estuviera en su./tu lugar

Ejs.: • A lo mejor no consigue nada, pero **yo, en su lugar, reclamaría**.
• Hagan ustedes lo que quieran, pero **yo en su lugar, llevaría** el paraguas.

NEXOS Y CONECTORES

1 Introducir, presentar los hechos:
En primer lugar/para empezar/ante todo/primero

Ejs.: • Esta reclamación incluye varios puntos; **en primer lugar** hablemos de los precios.
• Estimados señores: **Ante todo** quiero darles las gracias por su amable acogida.

2 Organizar la información:
En primer lugar/en segundo lugar
por una parte/por otra (parte)
por un lado/por otro (lado)

Ejs.: • A continuación pasamos a detallar las ventajas de nuestros servicios: **en primer lugar**, nuestra situación: estamos perfectamente comunicados; **en segundo lugar**, disponemos de instalaciones deportivas únicas en la región.
• Queremos señalar los inconvenientes que tuvo para nosotros el cambio de hotel: **por un lado**, un aumento en el precio; **por otro**, la falta de contacto con los restantes miembros de nuestro grupo.

3 Expresar causa.

→En preguntas:
¿Por qué + indicativo?
Cuando preguntamos de manera neutra.
¿Cómo es qué + indicativo?
Cuando preguntamos con extrañeza.

→En respuestas:
Porque + indicativo
Es la forma más neutra de contestar a una pregunta.
Como + indicativo
Para presentar las causas, por eso siempre inicia la frase.

Ejs.: • **Como ustedes no nos habían avisado** de la hora de su llegada ni del número de vuelo, no pudimos enviar a nadie a recogerlos.

- **Como** en este hotel siempre **hemos tratado de solucionar** cualquier problema de nuestros clientes, vamos a ver de qué manera podemos resolver el suyo.

Ya que/puesto que + indicativo

Tiene un valor parecido al de *como*, pero pueden ir al principio de la frase o después.

Ejs.: • **Ya que/puesto que todo ha quedado aclarado**, sólo nos resta desearles lo mejor y enviarles un cordial saludo.
- No pudimos enviar a nadie a recogerles, **ya que/puesto que no sabíamos nada** sobre su llegada.

Gracias a + sustantivo
Gracias a que + indicativo

Introducimos una causa positiva.

Ejs.: • Hubo problemas, sí, pero se resolvieron **gracias a su colaboración**.
- **Gracias a que todos mantuvieron** la calma, la situación no llegó a ser más grave.

Debido a + sustantivo/infinitivo
Debido a que + indicativo

Se usan en frases de tono algo más formal. A veces, se usa la palabra "debido" como un adjetivo y entonces concuerda con el sustantivo al que se refiere.

Ejs.: • **Debido a la avería de la caldera**, los clientes se quedaron sin calefacción veinticuatro horas.
- Ha habido algunos **desmayos debidos a** las altas temperaturas de los últimos días.
- **Debido a que todos los clientes eligieron** la visita a las ruinas de Medina Azahara, tuvimos que duplicar el servicio.

Considerando
Teniendo en cuenta + suntantivo + que + indicativo

Ejs.: • **Considerando/teniendo en cuenta que la responsabilidad de** nuestra empresa no está involucrada en este caso, sentimos no poder atender su reclamación.
- **Considerando/teniendo en cuenta la llegada imprevista de** clientes sin reserva, creemos haber resuelto las dificultades de manera conveniente.

→**Otras formas de expresar causa:**

Por culpa de/a causa de/por/con motivo de/dado que/visto que/en vista de que

4 Expresar consecuencia
Por (lo) tanto; por ello/eso
Así que/de modo que + indicativo

Ejs.: • En España el 24 de diciembre es un día de reunión familiar; **por lo tanto el restaurante estará cerrado**.
- Creemos haber cumplido lo ofrecido en nuestro circuito, **por ello/eso no comprendemos** su reclamación.
- La carretera hacia el aeropuerto estaba cortada por un accidente de tráfico, **así que/de modo que no pudo** llegar a tiempo.

De ahí que + subjuntivo
De ahí + sustantivo

Ejs.: • Su reserva no nos ha llegado a tiempo, **de ahí que no tengamos** habitación individual libre.
- Nuestra meta principal es la satisfacción de nuestros clientes, **de ahí nuestra preocupación** por la calidad.

5 Resumir las ideas anteriores:
En resumen/en suma

Ejs.: • "El hotel estupendo, el tiempo maravilloso, los servicios perfectos... **en resumen**, éstas han sido unas vacaciones de ensueño. Un cordial saludo a todo el equipo.
Fdo.: Sres. da Silva".

• A nuestra llegada no estaba su representante, el autobús llegó tarde, la habitación no estaba reservada y además llovió. **En suma**: nunca más elegiremos su agencia para viajar al extranjero.

6 Aclarar y ejemplificar:
Es decir (que)/en efecto/dicho con otras palabras/por ejemplo

Ejs.: • Esta estancia ha sido perfecta, **es decir, que** volveremos el año que viene.

• Los clientes se fueron muy descontentos; **dicho con otras palabras** no volverán a su hotel.

• Los servicios no correspondían con lo que decía el folleto. **Por ejemplo**: el hotel no estaba en primera línea de playa, no había aire acondicionado, etc.

7 Oponer o contrastar ideas:
Pero (sino)/sin embargo/en cambio/no obstante/aun así

Ejs.: • No nos ha llegado su reserva, **pero** usted tendrá su habitación, como siempre.

• No, no he reservado el cupo a Soltour, **sino** a Solviajes.

• El *overbooking* de este verano superó todas las expectativas, **sin embargo** nuestros clientes han sido atendidos con el esmero de siempre.

• Hay clientes que buscan en nuestra tierra sol y playa; **en cambio**, otros también se preocupan por conocer las costumbres y a la gente.

• Este año nos hemos visto desbordados por la demanda; **aun así**, no hemos rebajado la calidad de nuestras prestaciones.

8 Añadir ideas o más información:
Además/así como/asímismo/también/sin olvidar/por otra parte.

Ejs.: • Este hotel cuenta con los servicios habituales de un hotel de cuatro estrellas; **además** dispone de instalaciones adaptadas para minusválidos.

• Rogamos nos envíen los precios de la próxima temporada, **así como** sus nuevos programas de golf.

• "Estimados señores:
Nos dirigimos a ustedes para agradecerles su amabilidad y eficiencia; **asímismo** queremos destacar el buen trabajo de sus guías".

• "Estimado Pepe:
En anexo encontrarás la reclamación de los señores Grün, en la que se quejan de no haber disfrutado de una habitación con vista al mar. **Por otra parte**, tampoco funcionaba el aire acondicionado".

9 Confirmar, reforzar lo que se acaba de decir:
Es más/más aún

Ejs.: • Te recomiendo el hotel Amigo, es muy bueno, **es más**, creo que es el mejor de la costa.

• Estoy segura de que estos clientes enviaron la reserva a tiempo, **más aún**: puedo decirte incluso el día exacto.

10 Terminar, concluir:

Para terminar/por último/en resumen/

Total que (coloquial) Se usa tras una enumeración de hechos del pasado, aunque puede usarse el presente con valor de pasado.

Ejs.: • Ya hemos explicado el porqué de nuestro descontento: **para terminar**, también queremos añadir lo importante que fue la ayuda espontánea y desinteresada de la azafata.

• Después de todo lo mencionado, **por último** debemos recordarles que envíen su reserva con bastante antelación para evitarse problemas de última hora.

• Llovió todo el tiempo, la comida no nos gustó, la habitación era muy pequeña: **total**, **que** el viaje resultó ser un desastre.

LAS PREPOSICIONES

Recuerda que en español las preposiciones llevan detrás: *sustantivos* o *adjetivos sustantivados; infinitivos; frases de relativo*.

Ejs.: • Ahora estoy trabajando **en un hotel de la costa**.
(SUSTANTIVO)

• Hemos vuelto al mismo hotel **por lo amables** que son.
(ADJETIVO SUSTANTIVADO)

• Claro que hemos protestado **por tener** que pagar un suplemento.
(INFINITIVO)

• En anexo encontrará la reclamación de los clientes **de los que** le hablé en mi fax anterior.
(RELATIVO)

A

1 Dirección; movimiento hacia adelante

Ejs.: • **Llegaremos a** Córdoba sobre las 16:30 h.

• **Se accede a** la cueva por una carretera de montaña.

• No se pierdan **la excursión al** Chorro.

2 Relación entre:

■ dos lugares (en agrupación con "de")

Ejs.: • El Santuario de la Vírgen de la Sierra **está situado a** 1.217 m. de altura.

• El hotel **se encuentra a** pocos metros **del** centro.

• Estamos **a pocos km. de** nuestro destino.

■ un hecho y el tiempo/la edad

Ejs.: • Los clientes se fueron **a las pocas horas** de llegar.

• Empezó a trabajar **a los 18 años**.

3 A + horas; el día/la semana/el mes siguiente

Ejs.: • El autocar saldrá **a las siete de la mañana**.

• Llegamos a la ciudad sin alojamiento, pero lo encontramos **al día siguiente**.

4 Fechas (con estar)

Ejs.: • Estamos **a 6** de enero.

5 Precio variable o por unidades, sobre todo con estar, salir y vender.

Ejs.: • El dólar **está a 125 pts**.

• El precio total con guía incluido **sale a 31.000 pts.** por pax.

• ¿Cómo pueden **vender** esa excursión con almuerzo **a 6.500** si ése es el precio de coste?

6 Acompaña al C.D. de persona.

Ejs.: • Aunque no esté previsto, el guía acompañará **a los que quieran** visitar el museo de artes populares.
• Nuestro hotel atiende por igual **a todos sus clientes**, sean quienes sean.

7 Acompaña al C.I. de persona o cosa.

Ejs.: • Hemos enviado **a los TT.OO.** un fax para informales del cierre de ventas.
• Hay que informar **a los clientes** del cambio de horario.
• No te olvides de añadir **a ese precio** las entradas a los monumentos.

8 Otros verbos + A

empezar a/ir a/acercarse a/oler a/dirigirse a/ser aficionado a/remontarse a/resistirse a

Ejs.: • Nos hemos dirigido **a los TT.OO.** para informales del cierre de ventas.

9 Construcciones AL + INFINITIVO

■ Al + infinitivo = cuando + verbo

Ejs.: • **Al llegar/cuando llegamos** a la habitación, vimos que había una botella de champán con la bienvenida de la dirección.

■ Al + infinitivo = por + infinitivo/como (causal) + verbo

Ejs.: • **Al ser/por ser/como era** temporada alta y **al no tener/por no tener/como no tenían** habitación reservada, no pudimos alojar a sus clientes.

■ Al parecer = en apariencia, según parece

Ejs.: • Los clientes presentan esta reclamación porque, **al parecer**, la habitación que les dieron no correspondía con lo acordado.

10 Construcciones con A

a primera vista/a decir verdad/a ser posible/a ojos vistas/a la mayor brevedad (posible)

ANTE

1 Delante de

Ejs.: • El autocar les esperará **ante** el hotel.
• Nos quedamos sin palabras **ante** la Mezquita.

2 En presencia de

Ejs.: • Ese chico no debería trabajar como guía, **ante** los clientes se pone muy nervioso.
• Me encanta, es una persona que sabe reaccionar **ante** los imprevistos.

3 Ante todo

Ejs.: • No te preocupes por estas cosas, piensa **ante todo** en el bienestar de los clientes.

BAJO

1 Debajo de

Ejs.: • **Bajo** la ciudad moderna encontraron una ciudad romana; dentro de poco podrá ser visitada.
• Este año las temperaturas han llegado hasta los 17º **bajo** cero.

2 Idea de dependencia

Ejs.: • Si no respetas el programa establecido será **bajo** tu responsabilidad.
• Algunos viajeros se pusieron muy nerviosos y la azafata les dio un calmante, ahora están **bajo** sus efectos.
• No hay que preocuparse, todo está **bajo** control.

CON

1 Compañía; relación

Ejs.: • A todas las actividades irá **con** ustedes alguien de la organización.

- Tenemos que ponernos de acuerdo **con** los TT.OO. antes de cambiar nada.
- He hablado **con** ellos por teléfono y están de acuerdo en todo.
- Por fin voy a ir a Cuba. He soñado **con** ese viaje toda mi vida.
- Antes de darles una respuesta, tengo que consultar **con** la dirección del hotel.

2 Contenido

Ejs.:
- Les hemos enviado un fax **con** toda la información solicitada.
- En cada carpeta habrá documentación completa **con** entradas a los monumentos.

3 Sirve para caracterizar

Ejs.:
- Este es uno de los monumentos más representativos de la ciudad, **con** más de 200 años de antigüedad.
- Queremos una habitación **con** vista al mar.
- No dejen de visitar ese pueblecito, **con** sus casas perfectamente conservadas y en algunas de las cuales todavía vive gente.
- Se trata de una familia **con** dos niños pequeños, por eso la habitación debe estar algo separada de las demás.

4 Modo

Ejs.:
- Hay que tratar a los clientes **con** tacto y amabilidad.
- Lo hemos hecho **con** mucho gusto.
- Diríjanse a ellos **con** firmeza pero con cortesía.

5 Encuentro; choque

Ejs.:
- Nos hemos encontrado **con** un montón de españoles en México.
- Espero que no tropiecen **con** los problemas típicos.
- El automóvil chocó **con** otro, pero no hubo víctimas.

CONTRA

1 Oposición; enfrentamiento

Ejs.:
- Gracias, pero no podemos aceptar su propina, va **contra** las normas del establecimiento.
- Eso que usted propone es actuar **contra** la ley.
- Señorita, ¿podría darme algo **contra** el mareo? Gracias.
- No es que esos clientes estén **contra** Internet, es que prefieren la relación personal con las agencias.
- En la batalla **contra** el intrusismo debemos tener mucho cuidado.

2 Movimiento

Ejs.:
- Aquellos locos se lanzaron **contra** nosotros y por poco nos atropellan.
- El autocar perdió el control y se fue **contra** un árbol; menos mal que iba vacío y que al conductor no le pasó nada.

DE

1 Sirve para definir; para especificar

Ejs.:
- Esta es una agencia **de** viajes.
- Antes de decidir, tenemos que consultar con la dirección **del** hotel.
- A continuación, pasamos a exponer las razones **de** nuestra reclamación.
- Les ofrecemos la posibilidad **de** hacer un viaje único.

El material

Ejs.:
- Las casas de ese pueblo son **de** piedra y madera.

La edad/fecha/hora/periodo
(las horas no llevan artículo)

Ejs.:
- Son construcciones **del** siglo XII.
- Estos precios son **del** año pasado, ya no tienen validez.

- En mi fax **del 19 de enero**, le explicaba las razones de nuestra decisión.
- Tengo horario seguido: trabajo **de 8** a 15 h.
- **De niño/joven/mayor...** + frase.

El precio
Ejs.: • Esta compañía acaba de comprar un autocar **de** 30 millones.

El tema
Ejs.: • En nuestra última charla telefónica hablamos ya **de** esa posibilidad.
- Todavía no he leído la correspondencia, así que no sé **de** qué trata esa carta.

El contenido
Ejs.: • El hotel Amigo nos ha enviado una caja **de** botellas **de** vino.
- Tenemos una cartera **de** clientes envidiable.

El uso
Ejs.: • Ya no usamos máquinas **de** escribir, sólo ordenadores.
- En nuestro hotel hay también mesas **de** ping-pong, **de** billar.

2 Expresa origen; procedencia
Ejs.: • Los grupos **de** esa agencia siempre nos causan problemas.
- Mañana nos llega un grupo **de** París.
- Salimos **del** hotel a las 7,30 h.

3 Expresa pertenencia o autoría
Ejs.: • Las maletas **de** los señores Currie se han perdido.
- En la Plaza de la Merced de Málaga está la casa **de** Picasso.
- El famoso logotipo **de** España es **de** Miró.

4 Construcciones
DE + infinitivo = si + frase
Ejs.: • Les rogamos nos hagan saber cuál es su compensación por los inconvenientes mencionados; **de no ser así**, procederemos judicialmente.
- En la carta que les adjudicamos, comprobarán que el error no fue culpa nuestra, no obstante, podemos ofrecerles alguna compensación. **De estar ustedes** de acuerdo, hágannoslo saber a la mayor brevedad posible.

5 Construcciones con DE
de pronto/de improviso/de verdad/de hecho

6 Verbos + DE
quejarse de/prescindir de/librarse de/acabar de + infinitivo/dejar de+ infinitivo/acordarse de/ darse cuenta de

DESDE

1 Punto de partida
■ Espacial
Ejs.: • El paseo por la montaña puede hacerse **desde** el hotel ya que está situado al lado de un bosque.
- **Desde** la ventana del hotel se ve el mar.

■ Temporal
Ejs.: • El palacio ha sido habitado por la aristocracia local **desde** 1980.
- Tengo horario seguido: trabajo **desde las 8** hasta las 15 h.

2 Punto de vista
Ejs.: • Vistas las cosas **desde** ese ángulo, siempre tendríamos que aceptar todas las reclamaciones.
- **Desde** nuestro punto de vista, su cliente no tiene razón.

3 Desde luego = por supuesto

Ejs.: • **Desde luego** ese hotel es el
mejor de los que conocemos.

■ ¿Van a reclamar?

▸ **Desde luego**.

EN

1 Localización

■ Espacial (real y figurada)

Ejs.: • Estuvimos tres días **en** casas rurales;
fue una experiencia inolvidable.

• **En** esos pueblos la gente vive
todavía como sus abuelos.

• Te he dejado los contratos **en** tu
mesa.

• **En** el maletero del autocar ya no
hay más maletas.

• Últimamente trabaja **en** una agencia
de viajes muy importante.

• Hemos introducido algunos cambios
en el programa.

• **En** su carta no mencionaba el
precio de la habitación.

• Estas son expresiones muy usadas
en turismo.

• Es una experta **en** viajes organizados.

• La degustación de los vinos de la
región está incluida **en** el precio.

■ Temporal (años/periodos)

Ejs.: • Empezó a trabajar **en 1975**, creo.

• Aquí, **en verano** casi no hay turistas;
el calor es insoportable.

• **En vacaciones** de Navidad nunca
voy a ninguna parte.

■ Temporal (duración)

Ej.: • Tenemos que encontrar una
solución **en** un par de días.

• Ha rehecho el hotel **en** un mes,
¡qué rapidez!

■ Temporal (= dentro de)

Ej.: • Con todos los fallos que ha habido,
las reclamaciones empezarán a

llegar **en** unos días.

• **En** una semana todas estas
preocupaciones se habrán acabado.

2 Movimiento

Ejs.: • Algunos clientes no pudieron entrar
en la Alhambra y tuvimos que
volver al día siguiente.

• He colocado a los últimos clientes
en los hoteles que aún tenían plazas.

3 Medio de transporte

Ejs.: • Prefiero viajar **en tren/coche/
barco/bicicleta/moto...**

Pero:

• Ir **a pie/a caballo**

4 Precio (resultado de una negociación)

Ejs.: • Por ser el cupo mayor de 25 pax,
nos han dejado la habitación **en**
5.000 pts.

• Se dice por ahí que han comprado
ese apartahotel **en** la mitad de lo
que costaba.

5 Verbos + EN

insistir en/tardar en + inf./ser el primero/
el último... en + inf./fijarse en/convertirse en

6 Construcciones con EN

en principio/en general/en definitiva/
en resumen/en este sentido/en cuanto a/
en lo referente a

ENTRE

1 Localización (en medio de)

Ejs.: • **Entre** los arcos de la Mezquita
está la historia del Islam en
España.

• A veces, en las playas, no hay sitio
para pasar **entre** tumbona y
tumbona.

- En verano no tengo días de descanso **entre** un grupo y otro de turistas.
- No han dicho cuándo llegarán, sólo que **entre** el lunes y el viernes.
- Me siento muy bien **entre** ustedes, por eso vuelo cada año.

2 Cooperación (suma de elementos que provoca algo)

Ejs.:
- Sí, es cierto, el problema es grave, pero **entre** todos encontraremos una solución.
- **Entre** los retrasos de la gente y el tráfico, se nos ha hecho tarde.

HACIA

1 Movimiento (en dirección a)

Ejs.:
- El grupo que quería dar una vuelta se ha ido **hacia** el centro sin decir exactamente a dónde.
- Vaya **hacia** la catedral y, antes de llegar, tuerza a la derecha.
- Ahí viene esa gente tan antipática, mira **hacia** otro lado.

2 Tiempo aproximado

Ejs.:
- Han llamado para decir que estarán aquí **hacia** la hora de cenar.
- Los esperamos **hacia** las 8 o las 8,30 h.

3 Sentimientos

Ejs.:
- ¿Que por qué vuelo cada año? Pues porque siento **hacia** la gente de esta región un cariño especial.
- Siento aversión **hacia** los que no respetan el paisaje y se portan como cerdos.

HASTA

1 Límite final
■ Temporal

Ejs.:
- Nos quedaremos **hasta** finales de mes.
- ¡Qué sorpresa señores! No les esperábamos **hasta** esta noche.
- Bueno, **hasta** mañana. ¡Que descanséis!
- Este visado es válido **hasta** el mes próximo.
- Mi horario es desde las 8 **hasta*** las 15 h.

  * Desde… hasta + horas lleva artículo

■ Espacial

Ejs.:
- Cuando el tiempo es bueno, la vista desde aquí alcanza **hasta** Sierra Nevada.
- En nuestro viaje llegaremos **hasta** donde podamos.
- Este camino les llevará **hasta** una playita donde casi no hay nadie.
- Desde el hotel **hasta** la parada del autobús teníamos que andar media hora; eso no figuraba en la información que nos enviaron.

2 = Incluso

Ejs.:
- ¿Que no han encontrado el camino? **Hasta** un niño habría podido hacerlo, está perfectamente indicado en el plano.
- En nuestro hotel todo el mundo encuentra lo que busca, **hasta** los que no saben lo que quieren se sienten a gusto entre nosotros.

3 Junto con "desde", enfatiza los extremos

Ejs.:
- En nuestra guía podrá encontrar lo necesario para pasarlo bien: **desde** un buen alojamiento **hasta** sugerencias para el ocio; **desde** los restaurantes más típicos **hasta** los más elegantes.

PARA

1 Finalidad/objetivo/destinatario

Ejs.: • Organizamos esa excursión sólo **para** grupos interesados.

• No hay mejor marco que este palacio **para** degustar la cocina de la región.

• Hay que tomar medidas **para** evitar la desertización de la Tierra.

• Consultando nuestras guías disfrutará más de la región elegida **para** sus vacaciones.

• Tengo aquí la reserva de un hotel de cuatro estrellas **para** cuatro personas.

2 Tiempo: límite de un plazo
(indica que algo ocurrirá antes de ese plazo)

Ejs.: • Necesitamos la confirmación **para** mañana.

• Esta reserva no corre prisa, es **para** dentro de seis meses.

• Los clientes llegarán **para** la comida.

• Las habitaciones estarán restauradas **para** el verano.

3 Tiempo: aplazamiento

Ejs.: • No puedo darle ahora una respuesta, lo dejaremos **para** otro momento.

• No comas tanto, resérvate **para** el final, aquí los postres son una maravilla.

4 Movimiento (en dirección a)

Ejs.: • Les informamos de que saldremos mañana **para** Francia y llegaremos a Frankfurt el jueves.

■ ¿Vas **para** el centro?

▶ Sí, ¿quieres que te lleve?

5 Punto de vista/opinión

Ejs.: • Sus clientes han protestado, sí, pero **para otros**, la atención ha sido perfecta.

• Es un circuito muy interesante, pero **para nosotros** resulta un poco caro.

6 Contraposición/comparación

Ejs.: • Es un autobús muy grande **para** la gente que se ha inscrito.

• Hace mucho calor **para** el tiempo en que estamos.

POR

1 Causa, motivo

Ejs.: • El Palacio de Viana es conocido **por** sus patios llenos de flores.

• Los clientes están muy molestos **por** haber tenido que esperar al guía.

2 Sentimientos

Ejs.: • Siento gran admiración **por** todo lo que está haciendo.

• Ya sé que no te apetece ir al aeropuerto en domingo, pero piensa en los clientes, hazlo **por** ellos.

3 Tiempo (aproximado)

Ej.: • No se preocupen, **por** esas fechas que mencionan, no tenemos problemas de alojamiento.

4 Tiempo (frases fijas):
por la mañana/por la tarde/por la noche

5 Tiempo (periodicidad)

Ejs.: • Ofrecemos ese servicio tres veces **por** semana.

• El autocar alcanza los 190 km. **por** hora.

6 Localización (a través de/a lo largo de) aproximada.

Ejs.: • Les proponemos pasear **por** el Zoco y descubrir su encanto.

• Podrán hacer senderismo **por** Sierra Morena simplemente saliendo del hotel.

• Los clientes estaban **por** el aeropuerto, perdidos y casi desesperados.

7 En lugar de/en representación de

Ej.: • Yo no me encuentro bien, ¿podrías ir tú **por** mí a recoger el grupo?

8 Precio. Indica un intercambio o un precio alto o bajo

Ejs.: • Ya sé cuáles son los precios del hotel, pero también sé que un grupo como este se puede cotizar **por** menos.

• Hemos pagado 35.000 pts. **por** una semana en pensión completa.

• He conseguido que me dejen el hotel **por** la mitad de lo que pedían.

9 Complemento agente

Ejs.: • El Palacio fue habitado **por** numerosas familias de la aristocracia.

• Los barriles que podrán contemplar están firmados **por** visitantes ilustres.

10 Verbos + POR

estar por/acabar por/dar(se) por/tomar por/ ir,venir por/pasar(se) por

11 Construcciones con POR

por favor/por supuesto/por descontado/por si acaso/por eso, ello/por ahora/por fin/por lo general/por lo menos

SEGÚN

1 Punto de vista

Ejs.: • **Según** mis clientes, ustedes no han cumplido lo que figuraba en el contrato.

• **Según** los hoteleros, el verano se anuncia espectacular debido a las mejoras realizadas tanto en infraestructura como en servicios.

2 Dependiendo de

Ejs.: • Nuestra ocupación está entre el 45% y el 100%, **según** los meses del año.

• Unos clientes prefieren las habitaciones con vistas al mar, otros no, **según** lo que busquen; las que no dan al mar son más tranquilas.

• Señores, elijan **según** sus gustos.

3 Referencia (de acuerdo con)

Ejs.: • **Según** lo acordado, ustedes tenían que poner una cama extra en la habitación de los señores Eder.

• Los clientes habían solicitado desayuno continental **según** consta en su carta de marzo pasado.

4 Referencia (puede ser espacial)

Ejs.: • Los servicios están, **según** se entra, a mano derecha.

• **Según** sale de la boca de metro, encontrará la calle Infantas a la derecha.

5 Paralelismo entre dos acciones.

"A medida que" suele construirse con: ir + gerundio

Ejs.: • No te agobies antes de tiempo, resolveremos los problemas **según** se vayan presentando.

• No puedo cerrar el cupo ahora, pero alojaré a los clientes **según** me los vayan enviando.

SIN

1 Ausencia de algún elemento

Ejs.: • Podrán visitar los talleres de artesanía **sin** coste adicional.

• El Palacio de Viana fue habitado **sin** interrupción por familias nobles hasta hace poco tiempo.

• **Sin** aire acondicionado no se puede estar en esta habitación.

2 En las despedidas de las cartas

Ej.: • **Sin otro particular/Sin más** nos despedimos atentamente.

3 Sin que + subjuntivo

Ejs.: • Les hemos enviado numerosas cartas **sin que hayamos recibido** respuesta de su parte.

• Les ofrecemos prolongar su estancia dos días **sin que les cueste** más.

SOBRE

1 Localización (encima de)

Ejs.: • Aquí, **sobre** la mesa, están los horarios de las comidas.

• Coge uno de los folletos que hay **sobre** el mostrador.

2 Tiempo aproximado (equivale a "hacia")

Ejs.: • Los esperamos **sobre** las 8 o las 8,30 h.

• Nos veremos **sobre** las seis, es que no sé a qué hora terminaré.

3 Tema

Ejs.: • Tenemos que hablar **sobre** esos contratos, algunos puntos no están claros.

• ¿Conocen ese refrán que dice "**Sobre** gustos no hay nada escrito"?

TRAS

1 Localización

■ Temporal (después de)

Ejs.: • **Tras** numerosos intentos de hablar por teléfono, me dirijo a usted por carta para intentar solucionar el problema de los señores Kasza.

• Ahora pasamos por un periodo tranquilo **tras** una temporada agotadora.

• **Tras** la visita a la ciudad, iremos a un bar para degustar las tapas típicas de la región.

■ Espacial (detrás de)

Ejs.: • **Tras** los muros de estos edificios encontrarán la historia de la ciudad.

• Este es el cuadro que encontraron **tras** una copia sin ningún valor.

AUDICIONES

UNIDAD 1

I a)
Escucha y, a continuación, completa el diálogo siguiente:

- Hola, buenos días.
- ▶ ¡Hola!, ¿tiene habitaciones libres?
- Sí, Señor, ¿ qué desea?
- ▶ Somos tres, dos adultos y un niño.
- Una doble con cama extra, entonces. ¿Cuánto tiempo piensan quedarse?
- ▶ En principio dos noches.
- ¿Desean tomar las comidas en el hotel?
- ▶ Sí pero sólo el desayuno y la cena.
- Bien, en media pensión, entonces. ¿Quiere rellenar su ficha, por favor? Aquí está su llave. Habitación 309. Ahora mismo les subimos el equipaje.
- ▶ De acuerdo, gracias.
- A su servicio, señor.

II a)
Escucha y di es verdadero o falso:

- ▶ Buenos días, señora.
- Buenos días, soy Amelia Vila. He reservado una habitación a partir de hoy.
- ▶ Perdón, ¿me ha dicho VILA: ¿V-I-L-A? Lo siento, Sra. Vila, no tengo ninguna reserva a su nombre.
- ¿¿¿Cómo??? ¡Pero si reservé hace tres semanas!

- ▶ Un momento, por favor, voy a comprobar en el ordenador… ¡Perdone, Sra. Vila! Aquí está su reserva. usted se queda 7 noches, en pensión completa, ¿verdad?
- Así es.
- ▶ ¿Me deja su pasaporte, si es tan amable? Ahora mismo se lo devuelvo.
- Aquí tiene. Mire, necesitaría cambiar algo de dinero. ¿Podría hacerlo ahora?
- ▶ Por supuesto. ¿Qué divisa trae ?
- Francos suizos. Quiero cambiar unos 1.000 FS.
- ▶ Veamos el cambio de hoy… ¿Desea usted una caja fuerte?
- Buena idea, gracias.
- ▶ Aquí está su llave, Sra. Vila. Le deseo una feliz estancia. Ah, y perdone la confusión. Habitación 114. Le suben las maletas en seguida.
- Está bien, no se preocupe. Gracias.

III a)
Escucha y di si es verdadero o falso.

- ▶ Hola, buenos días, ¿habla español?
- Sí, señor, ¿en qué puedo ayudarle?
- ▶ Querría una habitación muy tranquila, por tres noches.
- Un momento, por favor. ¿Cuántas personas?
- ▶ Dos personas. ¿Puede ser con vista a la montaña?
- …Una doble… lo siento, sólo me queda una habitación que da a los jardines, pero es muy tranquila y agradable. ¿Desean verla, señores?
- ▶ Sí, por favor.
- Acompáñenme, es la 136, en el

primer piso. …Pasen, por favor. Aquí
tienen el cuarto de baño. Como ven,
tiene televisión y frigo-bar. ¡Miren la
terraza!

▶ Es muy agradable. ¿Cuánto vale?

■ En pesetas, son unas 16.000 pts., más
o menos, con el desayuno.

▶ ¡Estupendo! Nos la quedamos. Ahora
bajo por las maletas.

■ No se moleste, señor, ahora le subimos
el equipaje. Si lo desea, puede dejar
su coche en el aparcamiento subterráneo,
es más seguro. Cuando estén instalados,
¿pueden dejarme sus pasaportes, por
favor?

▶ Por supuesto. Ahora bajaremos a tomar
algo y pasaremos por recepción.
Gracias.

IV a)

▶ Buenos días.

■ Buenos días, me llamo Luis Heredia.

▶ H-E-R-E-D-I-A: ¿Huelva-España-
Roma-España-Dinamarca-Italia-América?

■ Así es.

▶ ¿Su dirección, por favor?

■ Plaza de la Merced, 8 - 2º, en Málaga.

▶ Habitación 401, aquí tiene su llave.

IV b)

▶ Buenos días.

■ Buenos días, señor ¿su nombre, por
favor?

▶ Iñaki Arrasotegui Ugarte.

■ ¿¿¿??? ¿Perdón? ¿Puede deletrearlo, por
favor?

▶ Sí, es un poco complicado, ¿verdad?

Soy vasco. A ver: Italia/eñe/América/
kilo/Italia.
Ahora los apellidos: América/Roma/
Roma/América/Salamanca/Oviedo/
Toledo/España/Gerona/Úbeda/Italia.
Y el segundo apellido, es más sencillo:
Úbeda/Gerona/América/Roma/
Toledo/España.

■ ¿Está bien así?

▶ Exactamente.

■ Su llave, Sr. Arrasotegui. Habitación
683.

UNIDAD 2

I a)
Escucha y, a continuación, completa el siguiente diálogo:

▶ Buenos días, ¿qué desean los señores?

■ Una cerveza, por favor.

▶ ¿Tubo o botellín?

■ Botellín, si puede ser.

▶ Por supuesto, señor. ¿Y para usted,
caballero?

❑ Un café con leche y un bocadillo de
jamón.

▶ ¿Jamón serrano y tomate?

❑ Sí, por favor.

II a)
Escucha el diálogo y toma nota del pedido.

▶ Buenas tardes.

■ Buenas tardes, señores. ¿Cuántas personas?

▸ Somos tres.

■ ¿Han reservado?

▸ No, acabamos de llegar.

■ Lo siento, señores, van a tener que esperar unos 15 minutos.

▸ De acuerdo, esperaremos en la barra.

■ ¿Desean tomar algo?

▸ Sí, tomaremos tres finos; Ah... y la carta.

■ Ahora mismo se la traigo, señor.

II b)

■ ¿Quieren pasar, por favor? Aquí tienen su mesa. ¿Han elegido ya?

▸ Sí, de primero: una ensalada mixta.

❑ Yo quiero pimientos del piquillo

◆ Yo quiero sopa de mariscos.

II c)

▸ Y de segundo: conejo al ajillo.

❑ Para mí un chuletón de Ávila.

◆ Y a mí me trae merluza a la vasca.

■ No nos queda conejo, señor. Le sugiero que pruebe el cabrito. Está muy bueno.

▸ De acuerdo.

■ ¿Y para beber?

▸ Tinto. Un Ribera del Duero. Ylleras o Mauro, si tienen.

II d)

■ ¿Desean algo más? ¿Postre o café?

▸ Para mí nada, gracias.

❑ Yo, un café solo.

◆ Para mí, uno cortado y la cuenta, por favor.

IV a)

Escucha la conversación telefónica:

▸ Recepción, ¿dígame?

■ Hola, buenos días. Quería desayunar.

▸ Le paso con el servicio de habitaciones, un momento, por favor.

◆ Buenos días... ¿qué desean?

■ Quería un zumo de naranja, huevos revueltos y café con leche.

◆ ¿Cuál es el número de su habitación, por favor?

■ La 114.

◆ Muy bien, señora, ahora se lo subimos.

■ Gracias.

◆ De nada, señora.

IV c)

(*toc, toc*)

▸ ¿Se puede?

■ Sí, entre.

▸ Su desayuno, señores. ¿Han dormido bien?

■ Estupendamente, gracias.

▸ ¿Desean algo más?

■ No, está bien así.

UNIDAD 3

Salamanca es una ciudad monumental situada a 215 km. de Madrid, hacia el norte. Limita al oeste con Portugal. Los principales monumentos de esta maravillosa ciudad son: la Universidad, al sur; las catedrales, a la derecha de la Universidad en el plano; la Casa de las Conchas, enfrente de la Universidad Pontificia, San Esteban y el convento de las Dueñas, al final de la Gran Vía, sin olvidar la magnífica Plaza Mayor, en el centro de la ciudad. Detrás de ésta se sitúa el mercado.

Salamanca es una ciudad estudiantil, todo el centro histórico es peatonal y por la noche hay mucho ambiente.

I b 1)
Estás en el hotel Las Torres

- ▶ Por favor, ¿para ir a Correos?
- ■ Lo más directo es coger la calle Toro hasta *Cortefiel*. Allí, siga por la derecha. Una vez en el aparcamiento, coja la primera a la derecha. Llega a la Gran Vía. Si cruza frente a la cafetería Gran Vía, se lo encuentra de frente.
- ▶ Ya veo, muchas gracias.

I b 2)
Estás en el hotel NH

- ▶ Hola, ¿puede decirme cómo llegar a la secretaría de los Cursos Internacionales?
- ■ A ver, eso está en el Patio de Escuelas… Tiene que subir por la calle Palominos, es la primera a la derecha al salir del hotel, al lado del Palacio de Orellana. Al final de la calle, llega a la Isla de la Rúa. Coja la calle Serranos y ahí la segunda a la izquierda, es la calle Libreros. Frente a la puerta de la Universidad, al final de la plaza, está el Patio de Escuelas.
- ▶ ¿Tengo que coger un taxi?
- ■ ¡Qué va!, está a cinco minutos andando. Además, así verá lo bonito que está el casco antiguo.
- ▶ Muchas gracias, señora.

II b)
Completa el diálogo después de escucharlo.

- ▶ Buenas tardes.
- ■ Buenas tardes, señora.
- ▶ Tengo que coger el primer tren para Córdoba mañana. ¿Puede informarme?
- ■ Aquí tiene, Sra. El tren sale de la estación de Madrid a las 15,15 horas. Llega a Córdoba a las 18,45 horas.
- ▶ ¿Y a qué hora es el siguiente?
- ■ A las 19,45 horas.
- ▶ Ya veré el que mejor me conviene. Gracias.

II d)
Escucha el diálogo y di si es verdadero o falso:

- ▶ Señores. pasajeros con destino Barcelona, vuelo IB 222, diríjanse a la puerta de embarque número 12. Última llamada para el Sr. Kamashi. Embarque inmediato.
- ■ Perdón, señorita. ¿ha llegado ya el avión de Bruselas?
- ▶ ¿El de las 18:10?
- ■ Sí, el que sale de Bruselas a las 15:00.
- ▶ Este vuelo tiene un retraso de 30 minutos aproximadamente, señor. Pueden esperar en la cafetería, si lo desean.

III a)
¿Qué tiempo hace?
Escucha y completa el diálogo.

Driiiiing…
- ▶ Hotel Torremilanos, buenas tardes.
- ■ Buenas tardes, soy Herbert Schmitt y he reservado una habitación a partir de mañana. ¿Podría decirme qué tiempo hace en Málaga?
- ▶ Por supuesto, señor Schmitt: ayer llovió pero hoy hace sol.
  Las temperaturas bajarán ligeramente en los próximos días, pero hace buen tiempo todavía, hoy tenemos 26º.
- ■ De acuerdo, muchas gracias.
- ▶ De nada, señor Schmitt, hasta mañana y buen viaje.

I d)
Escucha el siguiente diálogo y di si es verdadero o falso.

- ▶ Buenos días, estamos buscando un buen hotel en el centro de Sevilla, para 3 noches.
- ■ ¿De qué categoría, señora?
- ▶ Queremos un hotel de lujo, es para celebrar un aniversario.
- ■ El hotel Alfonso XIII es el mejor. Está en el centro y su decoración es realmente de primera categoría.
- ▶ Bien, y ¿cuál es su precio?
- ■ Tenemos un precio especial agencia. Con desayuno la doble, le sale a 23.000 pts. por noche.
- ▶ Me parece correcto, ¿me garantiza que es un buen hotel?
- ■ Por supuesto, señora. Es el hotel elegido por la madre del Rey cuando viene a Sevilla…
- ▶ Bien, de acuerdo.
- ■ ¿Quiere que le haga la reserva?
- ▶ Sí, por favor, a nombre de HULET, del 09 al 12 de octubre.
- ■ Muy bien, señora. Puede pasar a recoger su bono cuando quiera. Está a su disposición.

II a)

Escucha el siguiente diálogo y después completa los espacios en blanco

- ▸ Hotel Pez Espada, buenos días.
- ■ Hola, con el departamento de reservas, por favor.
- ▸ Un momento, le paso.
- ▷ Reservas. Buenos días.
- ■ Hola, quería reservar 2 dobles para la semana del 4 al 11 de abril.
- ▷ Lo siento, señor. Para estas fechas estamos completos. Pero en nuestro hotel Riviera queda sitio.
- ■ ¿Dónde queda este hotel?
- ▷ Está a dos kilómetros de la Carihuela, en Benalmádena Costa. También está en primera línea de playa y es algo más barato.
- ■ ¿Cuánto vale la doble en media pensión?
- ▷ Para estas fechas, sale a 7.200 pts. por persona.
- ■ Sí, está bien. ¿Puede usted reservarnos directamente o tenemos que llamar al Riviera?
- ▷ No, señor, le puedo hacer la reserva desde aquí, sin problema. ¿Cuál es su nombre, por favor?
- ■ Sres. Beulemans y Meulemeester, de Bruselas, Somos cuatro.
- ▷ Muy bien Sr. Beulemans, la reserva está hecha. Hasta pronto.
- ■ Gracias, señorita. Adiós.

I b)

Escucha el siguiente diálogo y di si es verdadero o falso :

- ▸ Buenos días, ¿puede informarme sobre las clases de tenis?
- ■ ¡Cómo no!, señora, hay dos fórmulas: las clases individuales y las clases en grupo. En grupo, hay tres niveles y son los lunes, miércoles y viernes. Las clases individuales son todos los días. Aquí tiene usted los precios.
- ▸ Mi marido no quiere participar en las clases, ¿hay alguna actividad que le pueda interesar? No es muy deportista…
- ■ Hay clases de iniciación al golf, tres veces por semana, y un buen programa de excursiones.
- ▸ Gracias, se lo voy a proponer.

III a)

Escucha y completa el diálogo siguiente:

(*tono enfadado*)

- ▸ Quiero hablar con el jefe de recepción, por favor.
- ■ En este momento no está, señor. ¿En qué puedo servirle?
- ▸ Esto es intolerable. La habitación que me han dado no está limpia. El grifo

de agua caliente no funciona y el frigorífico está vacío. Además, había pedido vista al mar y mi habitación da a la piscina…

- ¿Cuál es el número de su habitación? Y su nombre, por favor…
- ▶ Me llamo FISCHER, habitación…# 127
- Un momento Sr. Fischer, voy a comprobar…
  Lo siento, Sr. Fischer, no tenemos otra habitación libre hasta mañana…
- ▶ ¿Cómo? Pero esto es increíble… voy a llamar a mi agencia en Nueva York inmediatamente, hay que encontrar una solución.
- Disculpe, Sr. Fischer, el hotel está completo pero mañana le cambiaremos de habitación. Si nos quiere disculpar, estaríamos encantados de ofrecerle alguna excursión o el alquiler de un coche durante dos días, para compensarle…
- ▶ MMMMmmm, esto es imperdonable, reservé hace más de tres meses… pero bueno, si me garantizan que mañana me cambian de habitación… acepto los dos días de alquiler de coche, y ya veremos mañana.
- De acuerdo, Sr. Fischer, perdone otra vez.

IV a)
Escucha el siguiente diálogo y completa el texto :

- ▶ ¿Lavandería? Buenas tardes…
- Buenos días, señorita. Soy el señor Kawasaki, de la habitación 124.
- ▶ Dígame, señor Kawasaki...

- Ayer le entregué dos camisas, un pantalón y dos corbatas y Ud. sólo me ha devuelto una camisa mía y otra que no lo es… ¡ Es una talla 46! ¡¡¡Yo uso la 39!!! Me voy esta noche y quería recuperar la mía.
- ▶ ¡Cómo lo siento! ¿De qué color es la camisa que le falta?
- Es azul claro con rayas.
- ▶ Un momento, señor Kawasaki. Ya lo tengo: ha habido un pequeño error y le hemos dado la camisa de otro cliente, el señor Schmitt. Aquí está la suya. Perdone el malentendido, ahora mismo sube la camarera a llevársela.
- De acuerdo, aquí espero, pero no tarde, por favor.
- ▶ De verdad, discúlpenos, señor Kawasaki.
- Está bien.

UNIDAD 6

I a)
Escucha y completa el diálogo siguiente:

- ▶ Buenos días, dígame
- Buenos días, señorita, necesito que me despierten mañana a las 7:30.
- ▶ Sin problema, señor. ¿Cuál es su nombre y número de habitación, por favor?
- González, habitación # 342.
- ▶ De acuerdo, señor Gonzalez. Mañana, 7:30. Hasta luego.
- Gracias, adiós.

I b)
Escucha y completa el diálogo siguiente:

▶ Recepción, buenos días.

■ Buenos días, me llamo Pereira. ¿Podrían despertarme mañana a las 6:00 horas? Tengo que estar en el aeropuerto a las 7:15 h., así que, si pueden reservarme un taxi, se lo agradecería.

▶ De acuerdo, Sr. Pereira, el taxi estará aquí a las 6:30 h.

■ Gracias.

▶ A su servicio, señor.

I c)
Escucha y di si es verdadero o falso.

▶ Servicio de habitaciones, buenos días…

■ Hola, por favor ¿pueden subirme el desayuno mañana antes de las 8:00?

▶ Claro, señora. ¿Su nombre, por favor?

■ María Lourdes da Silva Pinheiro, habitación #609.

▶ ¿Qué desea tomar para desayunar?

■ Zumo de piña, cereales y leche descremada.

▶ De acuerdo, Sra. Se lo subimos a las 7:45 h.

■ Muchas gracias.

▶ De nada, señora.

II a)
Escucha y rellena los espacios en blanco:

II a 1)
▶ ¿Sí?

■ Buenos días, señor, son las 5:15 h. Le recuerdo que su taxi estará aquí a las 7:00 h. Si desea desayunar, puede hacerlo en la cafetería a partir de las 6:00 h.

▶ Gracias.

II a 2)
▶ Bueno, Pepe, yo ya he terminado por hoy, no te olvides de avisar a los señores de la 402 a las 5:00, y a la señora de la 210 a las 5:45 h.

■ Vale, no te preocupes, aquí lo tengo apuntado. Hasta mañana.

▶ Que tengas una noche tranquila.

■ ¡Ojalá!

III a)
Escucha los diálogos siguientes y di si es verdadero o falso :

▶ Hola, ¿la lavandería?

▷ No, señor, está llamando al servicio de habitaciones, se ha equivocado.

▶ Perdón, ¿no es la extensión 3410?

▷ No, señor, es la 3401.

▶ Qué curioso, ¿ está Ud. seguro?

▷ Por supuesto, señor. Marque la extensión 3410, por favor.

▶ Bien, gracias
(………)

▶ Hola, ¿ la lavandería ?

○ Sí, señor, dígame.

▶ ¿Oiga? ¿Me escucha?

○ Dígame, señor, le oigo perfectamente.

▶ ¿Es esto la lavandería?

○ Síííí, señor, ¿en qué puedo ayudarle?

▶ Ah, es por el traje azul marino que le dejé ayer. ¿Está listo ya?

o Se lo subimos enseguida, señor. ¿Cuál es su número de habitación?

▸ ¿Cómo?

o Su número de habitación, por favor…

▸ Eemm.... espere que lo miro… la 741, creo. Sí, la 741. Oiga… también quería que me subieran una botella de whisky.

o Tiene que marcar el 3401, señor, el servicio de habitaciones.

▸ Qué complicado es esto... ¿y para que me despierten mañana a las 7:30?

o En recepción le atenderán con mucho gusto, señor, es la extensión 3404.

▸ Bueno... a ver si me aclaro…

IV a)
Escucha el texto siguiente dos veces y di si es verdadero o falso.

El señor Fernández ha llamado varias veces al hotel *Los Infantes* para reservar una habitación doble para las Navidades. El recepcionista no ha podido confirmarle la reserva hasta hace un par de días porque el hotel estaba completo. Afortunadamente, una pareja ha anulado su viaje y se ha liberado una habitación. La reserva se puede hacer para las fechas solicitadas, que son del 20 al 31 de diciembre, ambas incluidas.
El precio de la habitación, con desayuno, es de 18.500 pts.

V b)
Escucha el diálogo siguiente y toma nota del recado:

▸ Buenos días, quería hablar con la señora Sterckx, habitación 401, por favor.

■ Lo siento, señora. la señora Sterckx no se encuentra en su habitación, voy a intentar localizarla en el restaurante.

▸ Gracias.

■ ¿Oiga? La señora Sterckx tampoco está en el restaurante. ¿Quiere que le deje algún recado?

▸ Sí, por favor, dígale que llame cuanto antes a la oficina. Estaré allí hasta las 17:30. Le doy el teléfono: 648.97.90

■ ¿Le puede llamar a otro teléfono?

▸ Sí, le dejo también el número de mi G.S.M.: 075.76.34.02

■ No se preocupe, en cuanto la vea, le doy su mensaje.

▸ Muchas gracias, señorita, hasta luego.

■ De nada, señora.

UNIDAD 7

II a)
Escucha y di si es verdadero o falso:

▸ Buenos días a todos, les habla, como cada sábado, Julia Ortega… Son las 11:30 minutos y damos paso a nuestro programa semanal *Pueblos de España*. Hoy viajaremos hasta Castilla y Léon para hablarles de algunas de sus leyendas y costumbres tradicionales más populares. Muchas de estas fiestas cayeron en el olvido durante años. Hoy día, afortunadamente, se están recuperando como parte del patrimonio folclórico de la región.

En **Segovia**, por ejemplo, se celebra cada año, el 5 de febrero, la *fiesta de las Alcaldesas*, también conocida como la fiesta de las Águedas, en honor a su patrona, Sta. Águeda. Ese día gobiernan las mujeres y eso ocurre desde la Edad Media. Visten un lujoso traje con falda roja, manto azul y mantilla negra y lucen joyas muy antiguas. Después de la misa, también queman al *pelele*, y entregan el trofeo "matahombres de oro" a alguna personalidad que se haya distinguido durante el año por sus críticas a la mujer... Cuenta la leyenda que en la época medieval, los moros se habían apoderado del Alcázar y hecho prisioneros a todos los hombres del pueblo de Zamarramala. Fueron las mujeres, que sedujeron a los invasores por sus buenas dotes culinarias, las que consiguieron la libertad de sus maridos y desde entonces y hasta el siglo XVIII, el pueblo no tuvo que pagar impuestos a la Corona.

Los carnavales, como en todas las regiones de España, están muy enraizados en Castilla. Preceden a la Cuaresma de la religión cristiana y se caracterizan por su permisividad, sus duras críticas a la vida social y política, y las locuras que permite el disfraz.

En **Ciudad Rodrigo** se celebra un carnaval muy popular e internacionalmente apreciado. En muchos casos, las celebraciones culminan con la condena a la hoguera del Carnaval, simbolizado por un muñeco de paja.

A partir de 1937 y hasta los años 80, los carnavales fueron prohibidos en muchas regiones por considerarlos acontecimientos paganos.

Y otra tradición muy popular, en **Salamanca:** la del *Lunes de Aguas,* el lunes de la segunda semana después del domingo de Pascua, y que se remonta también a la Edad Media.

Durante la Semana Santa, la Iglesia quería que el pueblo estuviera limpio de pecados. Por ello, se obligaba a las prostitutas a dejar la ciudad. Éstas cruzaban el río Tormes y permanecían del otro lado del mismo. El lunes de Aguas se organizaba una gran fiesta y los hombres cruzaban el río en barca para ir a buscarlas. Se organizaba una gran merienda en la que se comía el *hornazo*: masa de pan rellena con chorizo, huevos duros, jamón, etc., y todos volvían a cruzar el río por la tarde, de vuelta a la ciudad.

IV a)
Escucha los diálogos y completa la ficha que te damos a continuación:

IV a 1)

▶ Hola, buenos días, quería alquilar un coche.

■ Por supuesto, señora ¿Qué tipo de coche desea?

▶ No sé, había pensado en un coche no muy grande, un Renault Clio, por ejemplo.

- ¿Para cuántas personas?
- Somos cinco.
- Lo siento, señora, tendrá que elegir un coche mayor. El Clio sólo tiene 4 plazas.
- ¿Qué me propone, entonces?
- Un Peugeot 309, quizás.
- Muy bien, de acuerdo. Lo querría a partir de mañana 2/8 y por cinco días. ¿Cuánto me costaría?
- Un momento, señora, Peugeot 309… categoría D… vamos a ver: 24.100 pts.
- Estoy en el hotel Tritón.
- Se lo llevamos mañana a partir de las nueve, señora ¿Cuál es su número de habitación ?
- La 206. A nombre de Graciela Frola. Pagaré directamente.
- Allí estaremos mañana. Gracias señora Frola.
- Muchas gracias. Adiós.

IV b 2)

- Hola, me llamo Pedro Montesa. Necesito un coche urgentemente. ¿Qué me proponen? Es para ir a buscar a un cliente importante.
- En este momente tenemos un Peugeot 405 disponible. Lleva aire acondicionado, radio cassette y es automático.
- Ya… bueno, mi cliente estará probablemente unos diez días. ¿Cuánto vale por este tiempo?
- Un momento, Sr. Montesa: el forfait por 7 días… 92.800, más 13.000 pts. por día extra, 39.000… Serían unas 131.800 pts.
- Bueno, de acuerdo, mi cliente llega en

el IB 212 a las 14:40. Se llama Per Faarup.
- ¿Francia/Alemania/Alemania/Roma/ Uruguay/Palencia?
- Eso es. La factura me la mandan a Namaco, S. A.
- De acuerdo, Sr. Montesa. A su servicio.

UNIDAD 8

I)

Escucha los tres diálogos que te damos a continuación.

¿Puedes reconocer el tono de la conversación? ¿Cuál de los tres es el más cordial? ¿Por qué? ¿Cuál de los tres es el más formal? ¿Por qué?

I a)

- Buenos días, Sra. Otero.
- Hola, Kerstin, ya me voy… mi avión sale a las 10:45 y tengo que entregar el coche de alquiler en el aeropuerto.
- Le deseo que tenga un buen viaje, señora Otero y espero que volvamos a verla por aquí.
- Seguro que sí…. he pasado unos días estupendos. La verdad es que estaba muy cansada y estos días frente al mar me han venido muy bien. Además, este hotel es estupendo:

buen servicio, buena comida, buenas instalaciones y, sobre todo, tú, Kerstin, siempre dispuesta a ayudar y siempre con la sonrisa puesta… Por cierto, toma… esto es para ti, para que te compres algo que te guste...

▸ Oh… muchas gracias, Sra. Otero, pero no es necesario…

■ Sí, sí, de verdad, me ha encantado conocerte. Espero que sigas aquí cuando vuelva el año que viene.

▸ ¡Yo también lo espero! De nuevo, buen viaje y hasta pronto.

■ Adiós Kerstin, y muchas gracias por todo…

I b)

▸ Buenos días, señor.

■ Buenos días, ¿Está preparada mi factura?

▸ Sí, señor, aquí tiene:
  - Dos noches en habitación individual y en media pensión .... 32.500 pts.
  - Llamadas telefónicas ...... 5.650 pts.
  - Cafetería y minibar .... 3.250 pts.
  - Servicio de lavandería .... 4.500 pts.
  - Más el 7% de I.V.A. .... 3.213 pts.
    Total .... 49.113 pts.

■ Diez, veinte, treinta, cuarenta y cincuenta... Quédese con la vuelta.

▸ Gracias, señor, que tenga buen viaje.

■ Vale, adiós, hasta otro día.

▸ Adiós, señor.

I c)

▸ Buenos días, señores, les hemos preparado la factura.

■ Bien, gracias. ¿Cuánto es ?

▸ 114.879 pts., señores.

■ Cárguelo en la tarjeta American Express de la compañía, por favor.

▸ Me deja su tarjeta, por favor. Gracias. Se la devuelvo enseguida.

(....)

▸ Ya está, señor. Aquí tiene su tarjeta. Que tengan buen viaje y hasta pronto.

■ Gracias, adiós.

2 VENTANILLA DE RECLAMACIONES

I a)
Escucha el texto siguiente y di si es verdadero o falso:

José Vilches se fue de viaje a la India en el mes de agosto. Contrató los servicios de ABC Airlines, para volar a Bombay por 117.000 pts. ida y vuelta, vía Kuwait. En Madrid facturó el equipaje hasta Kuwait, porque no llegaba a su destino final hasta 48 horas después. Al llegar a Bombay se encontró sin maletas. Después de numerosas llamadas a Madrid, llegó el día de regreso a España. José Vilches se pasó todas las vacaciones con lo que llevaba puesto y sin noticias de su equipaje.

Un mes después le llamaron desde el aeropuerto de Madrid para decirle que habían encontrado su maleta y que se la enviarían a casa. No le dieron ninguna explicación sobre el porqué de la pérdida de la maleta. El Sr. Vilches pide un billete gratis para volver a la India, en concepto de indemnización.

GLOSARIO

A

- A LA DERECHA/A LA IZQUIERDA (DE) **(3)**
- A LA MAYOR BREVEDAD **(11)**
- A PARTIR DE **(6)**
- ABONAR ALGO **(11)**
- ACLARAR ALGO **(5)**
- ACCESO DIRECTO A **(4)**
- ACEITE (DE OLIVA), EL **(2)**
- ACERCAR (SE) **(4)**
- ACOGIDA, LA **(9)**
- ACONSEJAR ALGO **(2)**
- ACUSAR RECIBO **(12)**
- ADAPTACIÓN, LA **(4)**
- AEROPUERTO, EL **(5)**
- AFICIONADO/A A (SER) **(13)**
- AGENCIA LOCAL, LA **(10)**
- AGENCIA (EMISORA/RECEPTORA), LA **(6)**
- AGENCIA DE VIAJES, LA **(4)**
- AGENCIA MAYORISTA/MINORISTA, LA **(8)**
- AGENCIA RECEPTIVA, LA **(9)**
- AGILIZAR **(10)**
- AGRADECER ALGO A ALGUIEN **(8)**
- AGUA MINERAL CON GAS/SIN GAS, EL **(2)**
- AGUACATE, EL **(2)**
- AGUAS TERMALES, LAS **(5)**
- AIRE ACONDCIONADO, EL **(4)**
- AL FINAL (DE) **(3)**
- AL FONDO (DE) **(3)**
- AL LADO (DE) **(3)**
- AL PRINCIPIO (DE) **(3)**
- ALARMARSE POR ALGO **(5)**
- ALCÁZAR, EL **(7)**
- ALEGRARSE DE ALGO **(1)**
- ALMUERZO, EL **(5)**
- ALOJAMIENTO, EL **(1)**
- ALQUILER DE COCHES, EL **(7)**
- ALTERACIÓN, LA **(3, PARTE 2)**
- A MANO **(9)**
- AMANTES DE LA NATURALEZA, LOS **(4)**
- AMERICANA, LA **(5)**
- ANULAR (UN VIAJE, UNA RESERVA, ETC.) **(6)**
- APARCAMIENTO (SUBTERRÁNEO), EL **(1)**
- APELLIDO(S), EL/LOS **(1)**
- APETECER ALGO A ALGUIEN **(6)**
- APTO/A PARA MINUSVÁLIDOS **(4)**
- ARENA, LA **(10)**
- ARMARIO, EL **(5)**
- ARREGLAR ALGO **(5)**
- ARREGLO ACORDADO, EL **(4, PARTE 2)**
- ARROZ, EL **(2)**
- ARTESANÍA, LA **(7)**
- ASADOS, LOS **(2)**
- ASCENSOR, EL **(2)**
- ASIENTO, EL **(6)**
- ATENDER A ALGUIEN **(2)**
- ATENTAMENTE **(8)**
- AUTOBÚS, EL **(3)**
- AUTOCAR, EL **(7)**
- AVENIDA, LA **(1)**
- AVIÓN, EL **(3)**
- AVISAR A ALGUIEN DE ALGO **(6)**
- AYUDAR EN ALGO **(1)**
- AYUNTAMIENTO, EL **(3)**
- AZAFATA, LA **(6)**

B

- BAJADA, LA **(3)**
- BANCO, EL **(3)**
- BANDEJAS (DE ENTREMESES), LAS **(6)**
- BARATO/A **(4)**
- BARRA, LA **(2)**
- BARRIL, EL **(11)**
- BARRIO JUDÍO, EL **(7)**
- BIBLIOTECA, LA **(4)**
- BIENVENIDA (DAR), LA **(7)**
- BILLETE, EL **(1)**
- BLUSA DE SEÑORA, LA **(5)**
- BOCADILLO, EL **(2)**
- BODEGA, LA **(7)**
- BOLSO DE MANO, EL **(1)**
- BOMBILLA, LA **(5)**
- BOSQUE, EL **(4)**
- BOTELLA, LA **(6)**
- BOTELLÍN, EL **(2)**
- BUENAS NOCHES, LAS **(6)**
- BUENAS TARDES, LAS **(6)**
- BUENOS DÍAS, LOS **(6)**
- BUFFET, EL **(5)**
- BUNGALOW, EL **(4)**

C

- C.P. (CÓDIGO POSTAL), EL **(1)**
- CABRA HISPÁNICA, LA **(4)**
- CABRITO, EL **(2)**
- CAFÉ SOLO/CON LECHE/CORTADO, EL **(2)**
- CAFETERÍA, LA **(2)**
- CAJA FUERTE, LA **(1)**
- CALAMARES A LA ROMANA/EN SU TINTA, LOS **(2)**
- CALCETINES, LOS **(5)**
- CALDO, EL **(2)**

P

- PAELLA (VALENCIANA), LA **(2)**
- PALACIO DE CONGRESOS, EL **(3)**
- PALACIO, EL **(7)**
- PALIAR (PERJUICIOS/DAÑOS) **(4, PARTE 2)**
- PANTALLA, LA **(6)**
- PANTALÓN, EL **(5)**
- PAÑUELO, EL **(5)**
- PAPAYA, LA **(2)**
- PARADA, LA **(1, PARTE 2)**
- PARADOR NACIONAL, EL **(3)**
- PARAJE, EL **(1, PARTE 2)**
- PARALELA/O **(3)**
- PARASOL, EL **(2, PARTE 2)**
- PARQUE NACIONAL, EL **(4)**
- PASAJERO/A, EL/LA **(6)**
- PASAPORTE, EL **(1)**
- PASAR UNA LLAMADA **(6)**
- PATIO (CENTRAL), EL **(5)**
- PATRIMONIO, EL **(5, PARTE 2)**
- PEDIDO, EL **(2)**
- PENSIÓN, LA **(1)**
- PENSIÓN COMPLETA, LA **(1)**
- PERCHA, LA **(5)**
- PEREGRINO/A, EL/LA **(5, PARTE 2)**
- PERNOCTA, LA **(3, PARTE 2)**
- PERPENDICULAR **(3)**
- PERSONA AUTORIZADA, LA **(2, PARTE 2)**
- PESCA, LA **(4)**
- PESCADO, EL **(2)**
- PESETA, LA **(1)**
- PETACA, LA **(2, PARTE 2)**
- PIANO-BAR, EL **(4)**
- PISCINA, LA **(5)**

- PISO, EL **(1)**
- PISTA FORESTAL, LA **(5, PARTE 2)**
- PLANCHADO, EL **(5)**
- PLANO, EL **(3)**
- PLANTA, LA **(1)**
- PLÁTANO, EL **(2)**
- PLAZA, LA **(1)**
- PLAZA DE TOROS, LA **(7)**
- PLAZA MAYOR, LA **(3)**
- PLAZO, EL **(2, PARTE 2)**
- POCO/A HECHO/A **(2)**
- POLLO, EL **(2)**
- POR PERSONA **(3)**
- POR SUPUESTO **(6)**
- PRACTICAR LA PESCA **(4)**
- PRECIO OFICIAL, EL **(10)**
- PRENDA, LA **(9)**
- PREOCUPARSE POR ALGO **(5)**
- PREPARAR LA FACTURA/LA CUENTA **(8)**
- PRESTACIÓN, LA **(2, PARTE 2)**
- PRESUPUESTO, EL **(6)**
- PREVISTO/A (ESTAR) **(6)**
- PROBABLEMENTE **(5)**
- PROBAR UNA COMIDA/UN VINO/ UNA ESPECIALIDAD ETC. **(2)**
- PROGRAMA DE ANIMACIÓN, EL **(5)**
- PROMOCIÓN, LA **(2, PARTE 2)**
- PROMOCIONAR **(2, PARTE 2)**
- PROPINA, LA **(2)**
- PROPUESTA, LA (HACER) **(4)**
- PROTESTA, LA **(5)**
- PROTESTAR POR ALGO **(5)**
- PROVEEDOR/A, EL/LA **(2, PARTE 2)**
- PUEBLO, EL **(4)**
- PUNTO DE ENCUENTRO, EL **(7)**
- PUNTO DE VISTA, EL **(5)**
- PUNTOS FUERTES/DÉBILES, LOS **(2)**

Q

- ¡QUE APROVECHE! **(2)**
- ¡QUÉ VA! **(3)**
- QUEJARSE DE **(4, PARTE 2)**
- QUESO MANCHEGO **(2)**

R

- RACIÓN, LA **(2)**
- RADIOCASETE, EL **(7)**
- RAQUETA DE TENIS/PING-PONG, LA **(5)**
- RECADO (DEJAR), EL **(6)**
- RECEPCIÓN, LA **(1)**
- RECEPCIONISTA, EL/LA **(1)**
- RECLAMACIÓN (HACER/ PRESENTAR), LA **(5)**
- RECOGIDA DE ROPA, LA **(5)**
- RECOMENDAR ALGO **(2)**
- RECORRER **(1, PARTE 2)**
- RECURRIR A **(4, PARTE 2)**
- REDUCCIÓN, LA **(2, PARTE 2)**
- REEMBOLSO, EL **(9)**
- REFORMAR **(8)**
- REGATA, LA **(4, PARTE 2)**
- REGISTRARSE **(5)**
- REGLA (S) DE ORO, LAS **(6)**
- RELACIÓN CALIDAD PRECIO (BUENA/MALA), LA **(4)**
- RELLENAR UN FORMULARIO **(5)**
- RELLENAR UNA FICHA **(1)**
- REMITIR **(9)**
- REMONTARSE A **(3, PARTE 2)**
- REPRESENTANTE, EL/LA **(3)**

- REPRESENTAR **(2, PARTE 2)**
- RESERVAR HABITACIÓN **(1)**
- RESERVARSE EL DERECHO A **(3, PARTE 2)**
- RESIDENCIA, LA **(1)**
- RESOLVER ALGO **(5)**
- RESPALDO, EL **(6)**
- RESTAURANTE, EL **(2)**
- RETRASO, EL **(3)**
- REVISAR **(2, PARTE 2)**
- RÍO, EL **(3)**
- ROPA INTERIOR, LA **(5)**
- RÚSTICO/A **(4)**
- RUTA, LA **(3, PARTE 2)**

S

- S/N (SIN NÚMERO) **(1)**
- SALA DE FIESTAS, LA **(4)**
- SALA DE JUEGOS, LA **(5)**
- SALA DE REUNIONES, LA **(4)**
- SALADO/A **(2)**
- SALCHICHÓN, EL **(2)**
- SALIDA, LA **(1)**
- SÁLON SOCIAL, EL **(4)**
- SATISFECHO/A (ESTAR) **(3, PARTE 2)**
- SAUNA, LA **(4)**
- SECO/A **(2)**
- SEGURAMENTE **(5)**
- SEGURO (OBLIGATORIO/A TODO RIESGO/A TERCEROS/ DE PERSONAS TRANSPORTADAS/ RESPONSABILIDAD CIVIL), EL **(7)**
- SEMÁFORO, EL **(3)**
- SEMANA SANTA, LA **(2, PARTE 2)**
- SENDERISMO, EL **(3, PARTE 2)**

- SERVICIO BUENO/MALO, EL **(2)**
- SERVICIO DE HABITACIONES, EL **(2)**
- SERVICIO DE LAVANDERÍA, EL **(5)**
- SERVICIO DE PELUQUERÍA, EL **(5)**
- SERVICIO DE SALUD, EL **(5)**
- SERVICIO DE SECRETARíA, EL **(4)**
- SERVICIOS DEL HOTEL ,LOS **(5)**
- SIBARITAS, LOS/LAS **(4)**
- SIERRA, LA **(3)**
- SIN DUDA **(5)**
- SINAGOGA, LA **(7)**
- SITUACIÓN CONFLICTIVA, LA **(2, PARTE 2)**
- SITUADO/A (BIEN/MAL) **(4)**
- SMOKING, EL **(5)**
- SOLEADO (ESTAR) **(3)**
- SOPA DE COCIDO/DE PESCADO/ DE MARISCO/DE FIDEOS/ DE PICADILLO, LA **(2)**
- SUBIDA, LA **(3)**
- SUBMARINISMO, EL **(4, PARTE 2)**
- SUFRIR ALTERACIONES **(3, PARTE 2)**
- SUGERIR ALGO **(2)**
- SULTÁN, EL **(7)**
- SUPERFICIE, LA **(2, PARTE 2)**
- SUPLEMENTO POR PRENDAS DELICADAS, EL **(5)**
- SUPLEMENTO, EL **(9)**

T

- TABLA DE VELA, LA **(5)**
- TABLAO, EL **(1, PARTE 2)**
- TAJO, EL **(7)**
- TALASOTERAPIA, LA **(4)**

- TAPAS, LAS **(2)**
- TARIFA, LA **(5)**
- TARIFA CONFIDENCIAL, LA **(2, PARTE 2)**
- TARJETA DE CRÉDITO, LA **(2)**
- TASAS DE AEROPUERTO, LAS **(7)**
- TAXISTA, EL/LA **(2)**
- TÉ CON LIMÓN/CON LECHE, EL **(2)**
- TELEFÓNICA, LA **(6)**
- TELÉFONO, EL **(6)**
- TEMPERATURA, LA **(3)**
- TEMPERATURA MEDIA, LA **(3)**
- TEMPLADA, ALTA/BAJA, LA **(2, PARTE 2)**
- TENER EN CUENTA **(4, PARTE 2)**
- TENER FAMA DE **(4)**
- TENER LA OPORTUNIDAD/ LA POSIBILIDAD (DE) **(7)**
- TENER LUGAR **(4, PARTE 2)**
- TENER PRISA **(1, PARTE 2)**
- TENER VALIDEZ **(2, PARTE 2)**
- TERCERA EDAD, LA **(3, PARTE 2)**
- TERRAZA, LA **(1)**
- TIEMPO, EL **(3)**
- TIEMPO LIBRE, EL **(7)**
- TOALLA, LA **(5)**
- TODO RECTO **(3)**
- TOMAR EL SOL **(5)**
- TOMARSE UNA COPA **(6)**
- TORCER/GIRAR A LA DERECHA/ A LA IZQUIERDA **(3)**
- TORNEO, EL **(4, PARTE 2)**
- TORTILLA DE PATATA (ESPAÑOLA), LA **(2)**
- TOSTADA, LA **(2)**
- TOTALMENTE REFORMADO/A (ESTAR) **(4)**
- TRADICIONAL **(4)**
- TRÁMITE, EL **(3, PARTE 2)**